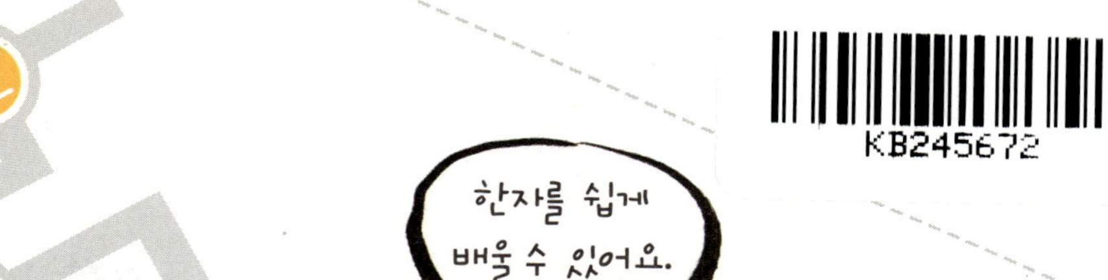

6급
기초 2 과정

해법 급수 한자

천재교육
www.chunjae.co.kr

KB245672

차례

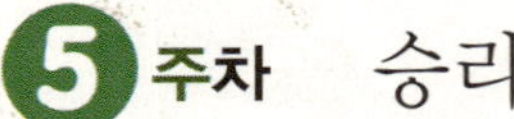

5 주차　　승리　　　　• 3

勝利苦待戰勇對失定消

6 주차　　성공　　　　• 27

成功特別理由根本發新

7 주차　　날씨　　　　• 51

溫度淸明太陽風向雪光

8 주차　　자연　　　　• 75

果樹黃綠洋野銀石

정답　　　　• 97
부록　　　　• 101
쓰기 노트　• 105

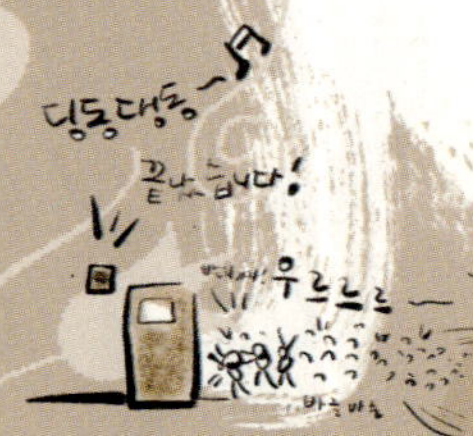

5 주차 승리 배우기

힘써 노력해 **이기다**! **勝** (이길 승)
집안 살림을 **이롭게** 하다! **利** (이로울 리)
오래된 풀은 너무 **써**! **苦** (쓸 고)
사람이 절에서 때를 **기다리다**! **待** (기다릴 대)
창을 들고 홀로 **싸우다**! **戰** (싸움 전)
힘이 있고 동작이 **날래다**! **勇** (날랠 용)
명령에 **대해** 대답하다! **對** (대할 대)
물건을 놓쳐 **잃다**! **失** (잃을 실)
마음을 곧게 세워 뜻을 **정하다**! **定** (정할 정)
물이 점점 **사라지다**! **消** (사라질 소)

✿ 일정	✿ 쪽수	✿ 학습 내용
1일차	8~13	한 자씩(勝, 利, 苦, 待, 戰 익히기), 자신 있게(복습)
2일차	14~19	한 자씩(勇, 對, 失, 定, 消 익히기), 자신 있게(복습)
3일차	20~21	끝장내기(한자어 쓰기, 4주차 복습)
4일차	22~24	내것 만들기(실전 유형 문제 풀기)
5일차	25~26	기억하기(7급 한자 쓰기, 勝, 利, 苦, 待, 戰, 勇, 對, 失, 定, 消 쓰기)

보물찾기

드디어 소풍가는 날이다!
야~ 신난다.
待
여러분~ 자신의 차례를 기다렸다가 〔待〕 순서대로 버스에 타도록 하세요.
오늘 보물찾기에서 제일 많은 보물을 찾아 일등하는 친구에게는 선물을 줄 거예요.
내가 일등 해야지~
무슨 소리! 일등은 나라고~

이제 조금 있으면 목적지에 도착할 거예요. 자, 모두 내릴 준비하세요.
여러분! 먼저 점심을 먹은 후에 게임을 시작할 거예요. 친구들과 맛있게 먹고 한 시까지 모두 이 곳으로 모이세요.
네!

만화 속에 있는 한자를 주의 깊게 보도록 지도해 주세요.

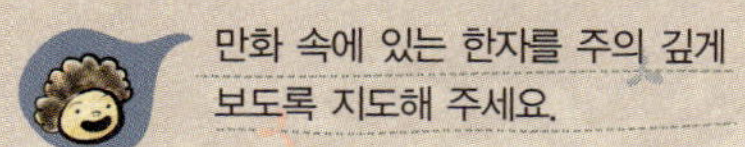

定

對

苦

利

勇
勝

天과 가 맑은 淸날이

어? 벌써 한 시가 되었네! 빨리 보물찾기 하러 가자.
그래.

지금부터 보물찾기를 시작하겠어요. 모두들 열심히 찾아 보세요~
삑—

내가 먼저 찾았어!
아니야! 내가 먼저 찾았어!
戰
애들아~ 아직 보물이 많이 남았으니까 싸우지[戰] 말고 사이좋게 찾아 보자.

어! 여기도 있네.
또 어디에 있을까?
그것 봐. 금방 또 찾았잖아.

선생님, 저는 세 개나 찾았어요!
우와! 좋겠다.

난 하나밖에 못 찾았는데 …….
내가 제일 많이 찾으려고 했는데 아쉽다.

자~ 이 큰 선물은 제일 많은 보물을 찾은 민수에게…….
민수는 좋겠다.
축하해.
짝짝짝 짝짝짝
여러분들에게도 줄 선물이 있답니다. 찾은 쪽지를 선생님한테 주면 예쁜 공책을 줄게요.
어떻게 해! 내 쪽지가 사라졌어〔消〕. 아무리 찾아도 없어.
消

주머니에 구멍이 나서 잃어버렸나〔失〕 봐.
여기 있어. 아까 네 주머니에서 떨어졌던 걸 내가 주웠거든.
失

다음 소풍 때는 우리가 꼭 일등 하자.
고마워. 넌 정말 좋은 친구야.

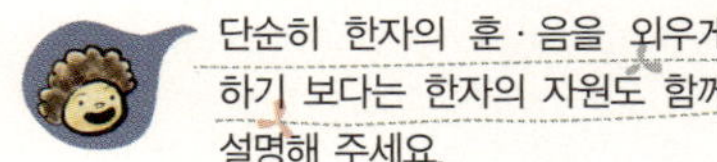

힘써 노력해 이기다! 勝 (이길 승)

'勝'은 힘써〔力〕 노력하면 무엇이든 이길〔朕〕
수 있다는 데서 '이기다'를 뜻합니다.

필순에 따라 쓰며 **확실하게 외워 봐요**

丿 刀 月 月 月 月 肝 肝 胖 朕 勝 勝

훈 **이길** 음 **승**

(力부, 총 12획)

勝	勝	勝	勝	勝
이길 승	이길 승	이길 승	이길 승	이길 승
勝	勝	勝	勝	勝
이길 승	이길 승	이길 승	이길 승	이길 승

어떻게 쓰일까?

• 이번 전쟁은 산이 없습니다.

勝

*勝算(승산) : 이길 수 있는 가능성
• 일본과의 축구 경기에서 한국이 리했습니다.

勝

*勝利(승리) : 겨루어서 이김

漢字 퀴즈

• '이기다'라는 훈에 알맞은 한자를 찾아 ○해 보
세요.

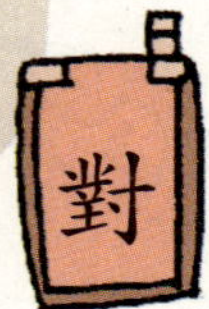

'利'가 단어의 앞에 쓰일 때는
'이'로 읽어야 한다고 알려 주세
요. 예 利用 : 리용(×), 이용(○)

집안 살림을 **이롭게** 하다! **利**(이로울 **리**)

禾 + 刂 → 利

'利'는 벼〔禾〕를 칼〔刀 = 刂〕로 베어 팔아 목
돈을 마련해 집안 살림을 이롭게 한다는 데서
'이롭다'를 뜻합니다.

필순에 따라 쓰며
확실하게 **외워** 봐요

一 二 千 矛 禾 利 利

利

훈 이로울 **음** 리

(刀(刂)부, 총 7획)

利	利	利	利	利
이로울 리	이로울 리	이로울 리	이로울 리	이로울 리
利	利	利	利	利
이로울 리	이로울 리	이로울 리	이로울 리	이로울 리
이로울 리	이로울 리	이로울 리	이로울 리	이로울 리

어떻게 쓰일까?

• 통신의 발달로 생활이 편**리**해졌습니다.

利

*便利(편리) : 편하고 이로움

• 지렛대의 원리를 이**용**하여 병따개를 만
들었습니다.

利

*利用(이용) : 대상을 필요에 따라 이롭게 씀

漢字 퀴즈

한자의 알맞은 훈·음을 써 보세요.

훈·음 ____________

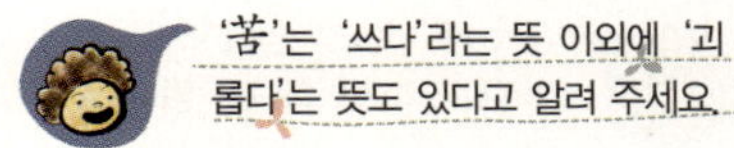

오래된 풀은 너무 **써!** 苦(쓸 고)

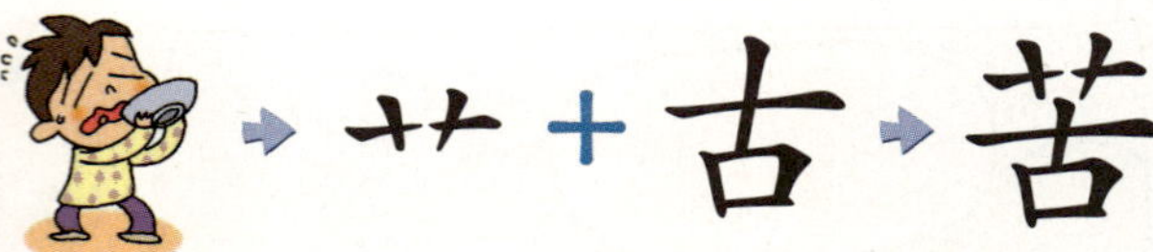

艹 + 古 ▸ 苦

'苦'는 풀[艸 = 艹]이 오래 되면[古] 쓰다는 데서 '쓰다'를 뜻합니다.

* '苦'(쓸 고)와 훈이 반대 되는 한자에는 '樂(즐길 락)'이 있습니다.

필순에 따라 쓰며 확실하게 **외워 봐요**

一 十 卄 卝 芒 苎 芏 苦 苦

훈 쓸 음 고

(艸(艹)부, 총 9획)

苦 苦 苦 苦 苦
쓸 고 쓸 고 쓸 고 쓸 고 쓸 고

苦 苦 苦 苦 苦
쓸 고 쓸 고 쓸 고 쓸 고 쓸 고

어떻게 쓰일까?

- 우리는 **고락**을 함께 한 사이입니다.

  苦

  *苦樂(고락) : 괴로움과 즐거움

- **고생** 끝에 낙이 온다는 말이 있습니다.

  苦

  *苦生(고생) : 괴롭고 어려운 생활

漢**字** **퀴즈**

밑줄 친 글자에 알맞은 한자를 빈 칸에 쓰고, 그 한자의 훈·음을 써 보세요.

고생   고락

훈·음

01 02 03 04 05

 '待'를 쓸 때 待이 부분을 '士'로 쓰지 않도록 주의시켜 주세요. '土'로 써야 해요.

🌼 사람이 절에서 때를 **기다리다**! 待(기다릴 대)

彳 + 寺 ➝ 待

'待'는 사람〔彳〕이 조용한 절〔寺〕에 들어가 학문을 수련하며 때를 기다린다는 데서 '기다리다'를 뜻합니다.

필순에 따라 쓰며 확실하게 **외워 봐요**

丿 ㇂ 彳 彳 待 待 待 待 待

훈 기다릴 음 대

(彳부, 총 9획)

待	待	待	待	待
기다릴 대	기다릴 대	기다릴 대	기다릴 대	기다릴 대
待	待	待	待	待
기다릴 대	기다릴 대	기다릴 대	기다릴 대	기다릴 대

어떻게 쓰일까?

- 통일이 되기만을 고**대**하고 있습니다.

待

*苦待(고대) : 손꼽아 기다림

- 서울역 **대**합실에서 기차를 기다렸습니다.

待

*待合室(대합실) : 공공시설에서 손님이 차를 기다리며 머물 수 있는 곳

漢字 퀴즈

'손꼽아 기다림'을 뜻하는 한자어가 되도록 알맞은 한자를 빈 칸에 써 보세요.

苦　　□

고　　대

획수가 많은 한자이지만 필순에 따라 바르게 쓰도록 지도해 주세요.

🌼 창을 들고 홀로 **싸우다**! 戰(싸움 전)

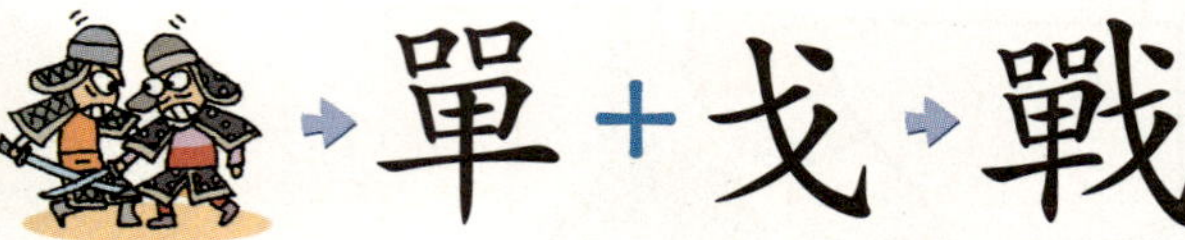
單 + 戈 ▸ 戰

'戰'은 창(戈)을 들고 홀로(單) 싸운다는 데서 '싸움/싸우다'를 뜻합니다.

* '戰(싸움 전)'과 음이 같은 한자에는 '全(온전 전)'이 있습니다.

필순에 따라 쓰며 확실하게 **외워 봐요**

丶 丷 丷 冖 四 四 罒 罒 單 單 戰 戰 戰

훈 **싸움** 음 **전**

(戈부, 총 16획)

戰	戰	戰	戰	戰
싸움 전	싸움 전	싸움 전	싸움 전	싸움 전
戰	戰	戰	戰	戰
싸움 전	싸움 전	싸움 전	싸움 전	싸움 전

어떻게 쓰일까?

- 이순신 장군께서 **전**사하셨습니다.

戰

*戰死(전사) : 전쟁터에서 싸우다 죽음

- 국민들에게 **승**전 소식을 전할 수 있어 매우 기쁩니다.

戰

*勝戰(승전) : 싸움에서 이김

漢字 퀴즈

👦 한자의 알맞은 훈·음을 써 보세요.

훈·음 ________________

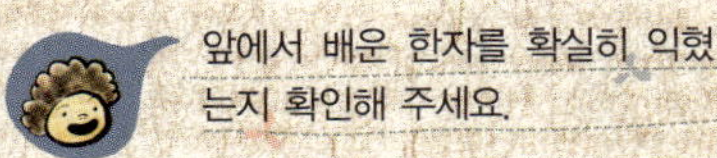

훈·음에 알맞은 한자를 번호에 맞게 빈 칸에 써 보세요.

勝, 利, 苦, 待, 戰 다시 한번 쓱쓱!

勝	勝				
이길 승	이길 승				
利	利				
이로울 리	이로울 리				
苦	苦				
쓸 고	쓸 고				
待	待				
기다릴 대	기다릴 대				
戰	戰				
싸움 전	싸움 전				

확인하기 勝 이길 승 利 이로울 리 苦 쓸 고 待 기다릴 대 戰 싸움 전

힘이 있고 동작이 **날래다**! 勇(날랠 용)

甬 + 力 ▸ 勇

'勇'은 종[甬]처럼 무거운 물건을 들어 올릴 수 있는 힘[力]이 있어 날래고 기운차다는 데 서 '날래다'를 뜻합니다.

필순에 따라 쓰며 확실하게 **외워 봐요**

ㄱ フ マ 予 丮 丮 甬 禹 勇

勇	勇	勇	勇	勇
날랠 용	날랠 용	날랠 용	날랠 용	날랠 용
勇	勇	勇	勇	勇
날랠 용	날랠 용	날랠 용	날랠 용	날랠 용

勇
훈 날랠 **음** 용
(力부, 총 9획)

어떻게 쓰일까?

• 용사들은 있는 힘을 다해 싸웠습니다.
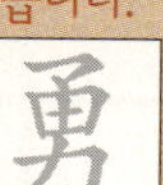
勇
*勇士(용사) : 용맹스러운 사람
• 용기를 내어 민지에게 고백을 했습니다.
勇
*勇氣(용기) : 씩씩하고 굳센 기운

漢字 퀴즈

• 밑줄 친 단어가 훈인 한자를 찾아 ○해 보세요.

勇 男 戰

'對'의 뜻인 '대하다'는 '마주 보다', '어떤 일에 맞는 행동을 하다'를 뜻한다고 알려 주세요.

명령에 **대해** 대답하다! 對 (대할 대)

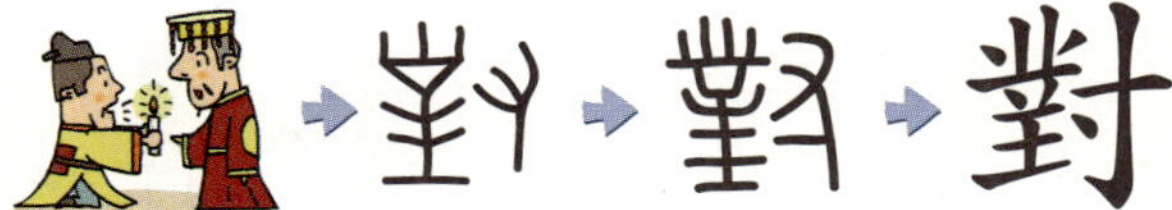

'對'는 촛불을 손에 든 신하가 임금의 명령에 대해 대답하는 것을 나타낸 글자로, '대하다'를 뜻합니다.

* '對(대할 대)'와 음이 같은 한자에는 '待(기다릴 대)'가 있습니다.

필순에 따라 쓰며 확실하게 **외워 봐요**

훈 대할 음 대

(寸부, 총 14획)

對	對	對	對	對
대할 대	대할 대	대할 대	대할 대	대할 대
對	對	對	對	對
대할 대	대할 대	대할 대	대할 대	대할 대

어떻게 쓰일까?

• 남과 북은 아직도 **대립**하고 있습니다.

對

*對立(대립) : 서로 대하여 섬

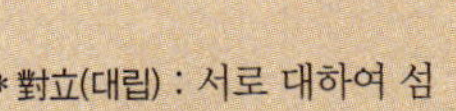

• 질문에 꼭 맞는 **대답**을 해 주었습니다.

對

*對答(대답) : 묻는 말에 자기의 뜻을 나타냄

漢字 퀴즈

훈·음에 알맞은 한자를 찾아 ○해 보세요.

물건을 놓쳐 **잃다**! **失**(잃을 **실**)

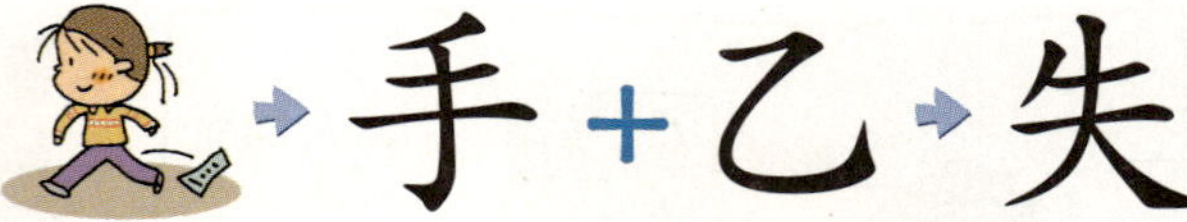

手 + 乙 ▶ 失

'**失**'은 손〔手〕에 들고 있던 물건〔乙〕을 놓쳐 잃었다는 데서 '**잃다**'를 뜻합니다.

* '失(잃을 실)'과 음이 같은 한자에는 '室(집 실)'이 있습니다.

필순에 따라 쓰며 확실하게 **외워 봐요**

(훈) 잃을 (음) 실

(大부, 총 5획)

` ′ ⌒ ー 失 失 `

失	失	失	失	失
잃을 실	잃을 실	잃을 실	잃을 실	잃을 실
失	失	失	失	失
잃을 실	잃을 실	잃을 실	잃을 실	잃을 실

어떻게 쓰일까?

- **실**수로 물을 엎질렀습니다.

* 失手(실수) : 조심하지 아니하여 잘못을 저지름

失

- 그런 행동을 하는 것은 **실**례입니다.

失

* 失禮(실례) : 행동이 예의에 벗어남

밑줄 친 글자에 알맞은 한자를 빈 칸에 써 보세요

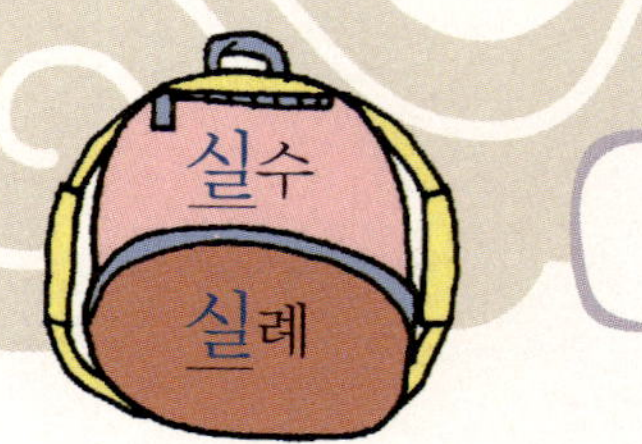

마음을 곧게 세워 뜻을 **정하다**! 定(정할 정)

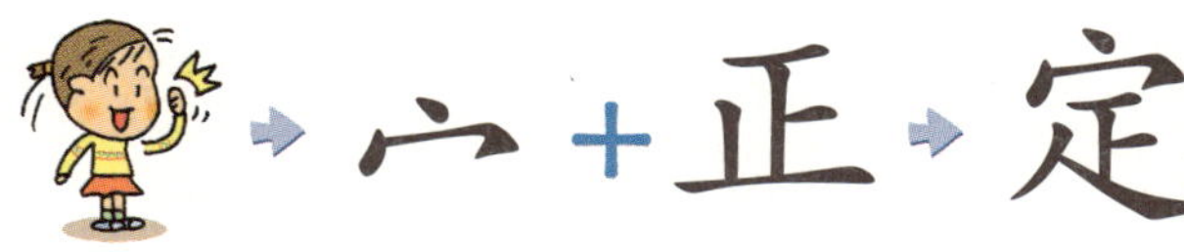

'定'은 집[宀]에서 마음을 곧게[正] 세워 뜻을
정한다는 데서 '정하다'를 뜻합니다.

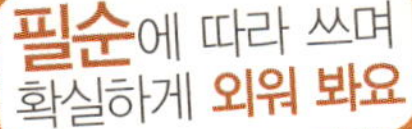
필순에 따라 쓰며
확실하게 **외워 봐요**

` ` ` 宀 宀 宁 宇 宇 定 定

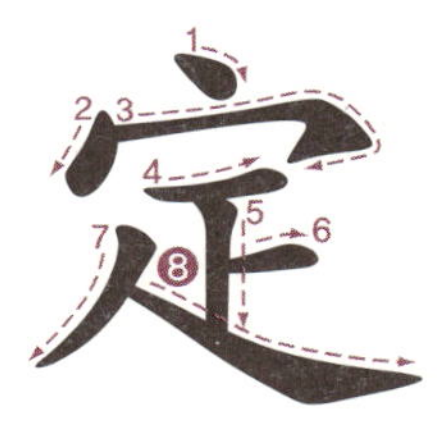

훈 정할 음 정

(宀부, 총 8획)

定	定	定	定	定
정할 정	정할 정	정할 정	정할 정	정할 정
定	定	定	定	定
정할 정	정할 정	정할 정	정할 정	정할 정

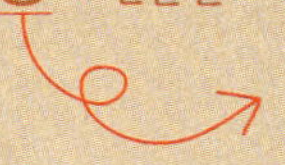
어떻게 쓰일까?

* 이 식당은 소고기 **정**식이 맛있습니다.

定

*定食(정식) : 식당에서 값을 정해 놓
고 일정하게 파는 음식

* 여러분께 소**정**의 선물을 드리겠습니다.

定

*所定(소정) : 정해진 바

漢字 퀴즈

밑줄 친 단어가 훈인 한자를 찾아 ○하고, 그
한자의 훈·음을 써 보세요.

약속 시간을 3시로 **정하자**.

正   定    훈·음 ___________

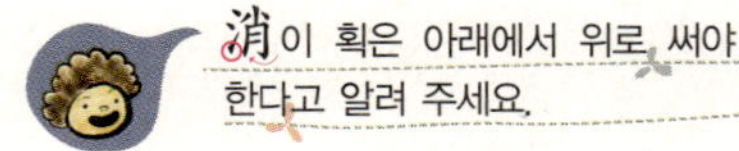

🌼 물이 점점 **사라지다**! 消(사라질 소)

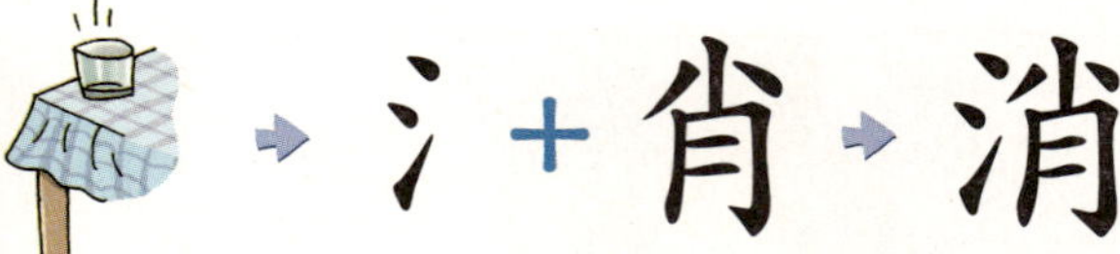

'消'는 물〔水 = 氵〕이 점점 줄어든다〔肖〕는 데서 '사라지다'를 뜻합니다.

* '消(사라질 소)'와 음이 같은 한자에는 '小(작을 소)'가 있습니다.

필순에 따라 쓰며 확실하게 **외워 봐요**

ˋ ˋ 氵 氵 氵 氵 消 消 消

消	消	消	消	消
사라질 소	사라질 소	사라질 소	사라질 소	사라질 소
消	消	消	消	消
사라질 소	사라질 소	사라질 소	사라질 소	사라질 소

消
훈 사라질 음 소
(水(氵)부, 총 10획)

어떻게 쓰일까?

• 내일은 <u>소</u>풍 가는 날입니다.

消

*消風(소풍) : 경치나 놀이를 즐기기 위하여 가는 곳

• 전쟁으로 많은 문화재가 <u>소</u>실되었습니다.

消

*消失(소실) : 사라져 없어짐

漢字 퀴즈

🔘 한자의 알맞은 음을 찾아 선으로 이어 보세요.

失 •		• 실
消 •		• 정
定 •		• 소

한자의 알맞은 음을 빈 칸에 써 보세요.

定◻ 勝◻ 苦◻ 戰◻ 待◻

失◻ 利◻ 勇◻ 消◻ 對◻

勇, 對, 失, 定, 消 다시 한번 쓱쓱!

勇	勇				
날랠 용	날랠 용				
對	對				
대할 대	대할 대				
失	失				
잃을 실	잃을 실				
定	定				
정할 정	정할 정				
消	消				
사라질 소	사라질 소				

확인하기

勝 이길 승 利 이로울 리 苦 쓸 고 待 기다릴 대 戰 싸움 전
勇 날랠 용 對 대할 대 失 잃을 실 定 정할 정 消 사라질 소

끝장내기

🥬 한자어를 읽으면서 써 보세요.

한자어와 함께 독음도 꼭 쓰도록 지도해 주세요.

勝利(승리) : 겨루어서 이김

勝利	勝利	勝利		
승 리	승 리	승 리		

勝戰(승전) : 싸움에서 이김

勝戰	勝戰	勝戰		
승 전	승 전	승 전		

苦待(고대) : 손꼽아 기다림

苦待	苦待	苦待		
고 대	고 대	고 대		

消失(소실) : 사라져 없어짐

消失	消失	消失		
소 실	소 실	소 실		

勇氣(용기) : 씩씩하고 굳센 기운

勇氣	勇氣	勇氣		
용 기	용 기	용 기		

對答(대답) : 묻는 말에 자기의 뜻을 나타냄

對答	對答	對答		
대 답	대 답	대 답		

所定(소정) : 정해진 바

所定	所定	所定		
소 정	소 정	소 정		

4주차 되새김 4주차에서 배운 한자를 모두 기억하고 있나요?
문제를 풀며 확인해 보세요.

훈·음에 알맞은 한자를 찾아 빈 칸에 써 보세요.

章 遠 術 畵 圖

사다리를 타고 내려가 한자의 알맞은 훈·음을 빈 칸에 써 보세요.

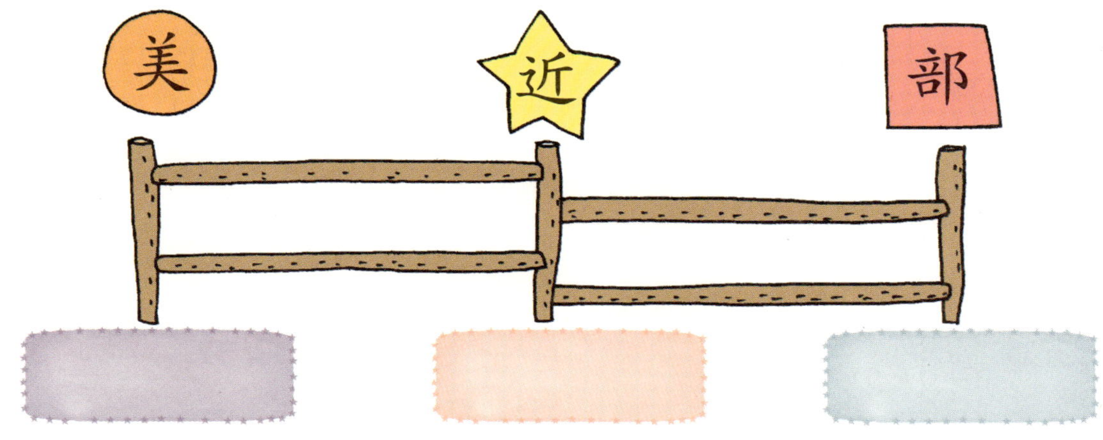

내 것만들기

틀린 문제들은 꼭 다시 확인해
보도록 지도해 주세요.

1 다음 漢字(한자)의 訓(훈)과 音(음)을 쓰세요.

<u>보기</u>

音 ➡ 소리 음

❶ 定 (   )   ❷ 利 (   )

❸ 勇 (   )   ❹ 戰 (   )

❺ 苦 (   )   ❻ 失 (   )

❼ 消 (   )   ❽ 勝 (   )

❾ 對 (   )   ❿ 待 (   )

*혼동하기 쉬운 한자
'古(예 고)', '苦(쓸 고)',
'固(굳을 고)' : 아무 것도 없으
면 원래의 옛 것인 '古(예 고)',
입에 쓴 '풀(艹)'이 있으면 '苦
(쓸 고)', 굳게 둘러싼 '성곽(口
)'이 있으면 '固(굳을 고).'

2 다음 漢字語(한자어)의 讀音(독음)을 쓰세요.

<u>보기</u>

讀音 ➡ 독음

❶ 勝利 (   )   ❷ 苦待 (   )

❸ 勝戰 (   )   ❹ 苦戰 (   )

❺ 消失 (   )   ❻ 勇氣 (   )

❼ 所定 (   )   ❽ 對答 (   )

❾ 圖章 (   )   ❿ 遠近 (   )

⓫ 戰術 (   )   ⓬ 美術 (   )

*모양이 비슷한 한자
'夫(지아비 부)'와 '失(잃을
닐)' : 왼쪽에 잃어버린 'ノ'가
있으면 '失(잃을 닐).'

3 다음 밑줄 친 漢字語(한자어)를 漢字(한자)로 쓰세요.

> **보기**
>
> 한자 ➡ 漢字

❶ 어제 <u>도장</u>을 하나 새겼습니다. （　　　　　）

❷ 선생님의 질문에 <u>대답</u>했습니다. （　　　　　）

❸ 내 동생은 <u>미술</u> 학원에 다닙니다. （　　　　　）

❹ 경기에서 이기기를 <u>고대</u>하고 있습니다. （　　　　　）

❺ 이 그림에는 <u>원근감</u>이 잘 나타나 있습니다. （　　　　　）

❻ 큰 불이 나 많은 문화재들이 <u>소실</u>되었습니다. （　　　　　）

❼ <u>용기</u>를 내어 민수에게 내 마음을 전했습니다. （　　　　　）

❽ 이번 전쟁에서 이길 새로운 <u>전술</u>을 짰습니다. （　　　　　）

❾ 우리 팀의 <u>승전</u> 소식을 빨리 알리고 싶습니다. （　　　　　）

❿ 이번에도 우리 반이 농구 대회에서 <u>승리</u>했습니다.
（　　　　　）

4 다음 漢字(한자)의 反對字(반대자) 또는 相對字(상대자)를 찾아 그 번호를 쓰세요.

❶ 苦 : ① 勝　　② 理　　③ 消　　④ 樂 （　　　　　）

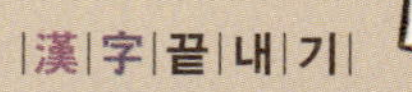

내 것 만들기

5 다음에서 소리는 같으나 뜻이 다른 漢字(한자)를 찾아 그 번호를 쓰세요.

❶ 戰 : ① 消　② 勇　③ 定　④ 全　　（　　　）

❷ 對 : ① 勝　② 苦　③ 待　④ 勇　　（　　　）

❸ 失 : ① 定　② 面　③ 利　④ 室　　（　　　）

❹ 消 : ① 小　② 圖　③ 定　④ 命　　（　　　）

6 다음의 뜻을 가진 단어를 쓰세요.

> 보기
>
> 노인이나 약한 사람 ➜ 노약자

❶ 싸움에서 이김　　　　（　　　　）

❷ 손꼽아 기다림　　　　（　　　　）

❸ 씩씩하고 굳센 기운　　（　　　　）

7

❶ 

㉠ 획의 쓰는 순서를 아래에서 찾아 번호를 쓰세요. （　　　）

① 두 번째　　　　② 세 번째
③ 네 번째　　　　④ 다섯 번째

❷ 勇

㉠ 획의 쓰는 순서를 아래에서 찾아 번호를 쓰세요. （　　　）

① 여섯 번째　　　　② 일곱 번째
③ 여덟 번째　　　　④ 아홉 번째

 7급 한자 확인하기

7급에서 나온 한자들도 모두 기억하고 있는지 확인해 주시고 모르는 한자는 다시 복습시켜 주세요.

🥬 7급 시험에 나오는 한자들이에요. 필순에 맞게 써 보세요.

ㅣ ㄇ ㅁ							
口	口						
입 구	입 구						

一 丆 帀 帀 帀 面 面 面							
面	面						
낯 면	낯 면						

一 二 三 手							
手	手						
손 수	손 수						

�′ ㅁ ㅁ ㅁ 早 早 足 足							
足	足						
발 족	발 족						

′ 心 心 心							
心	心						
마음 심	마음 심						

′ 人 人 今 今 今 命 命							
命	命						
목숨 명	목숨 명						

ㅣ ㄇ 冂 内							
內	內						
안 내	안 내						

ㄱ 力							
力	力						
힘 력	힘 력						

마지막으로 이번 주에 배운 한자를 정리하는 곳입니다. 큰 소리로 읽으며 쓰도록 지도해 주세요.

이번 주에 배운 한자를 모두 써 보세요.

勝	勝					
이길 승	이길 승					
利	利					
이로울 리	이로울 리					
苦	苦					
쓸 고	쓸 고					
待	待					
기다릴 대	기다릴 대					
戰	戰					
싸움 전	싸움 전					
勇	勇					
날랠 용	날랠 용					
對	對					
대할 대	대할 대					
失	失					
잃을 실	잃을 실					
定	定					
정할 정	정할 정					
消	消					
사라질 소	사라질 소					

소원을 **이루다**! **成** (이룰 성)

공을 세우다! **功** (공 공)

절에서 소는 **특별해**! **特** (특별할 특)

뼈와 살은 **다르다**! **別** (다를/나눌 별)

나라를 **다스리다**! **理** (다스릴 리)

술단지의 모양을 본뜬 **말미암을** 유! **由** (말미암을 유)

나무의 **뿌리**! **根** (뿌리 근)

뿌리는 나무의 **근본**! **本** (근본 본)

달리면서 활을 **쏘다/피다**! **發** (필 발)

새로운 싹이 나다! **新** (새 신)

🌼 일정	🌼 쪽수	🌼 학습 내용
1일차	32~37	한 자씩(成, 功, 特, 別, 理 익히기), 자신 있게(복습)
2일차	38~43	한 자씩(由, 根, 本, 發, 新 익히기), 자신 있게(복습)
3일차	44~45	끝장내기(한자어 쓰기, 5주차 복습)
4일차	46~48	내것 만들기(실전 유형 문제 풀기)
5일차	49~50	기억하기(7급 한자 쓰기, 成, 功, 特, 別, 理, 由, 根, 本, 發, 新 쓰기)

할아버지~ 옛날 이야기 해 주세요.

옛날 이야기?

네. 옛날 이야기 듣고 싶어요.

음~ 오늘은 어떤 이야기를 들려 줄까? 옳지! 잘 들어 보거라.

옛날에 아픈 사람을 잘 고치는 특별한 [特] 재주를 가진 나무꾼이 있었단다.
特
아이고—

그 나무꾼은 마음이 착해서 가난한 사람에게는 무료로 병을 고쳐주곤 했지.
치료비 걱정은 마세요.
끙…
끙…
끙…

그러던 어느 날, 나무를 베던 나무꾼은 다른 나무꾼들이 하는 얘기를 듣게 되었단다.

이번 주에 배울 한자들을 미리 보는 곳이에요. 만화를 보면서 한 자에 흥미를 가질 수 있도록 지도해 주세요.

별컥
별컥
허허, 신기하게도
병이 씻은 듯이
나았소.
정말
다행입니다.
마마~

마마의 병이 낫기를
원하는 모든 백성들의 소원을 제가
이루게〔成〕되어 정말
기쁘옵니다.
成
내 목숨을 살린 그대의
큰 공〔功〕에
보답하고자 하니
원하는 것이 있으면
한번 말해 보거라.
功

저는 늙으신
어머니와 같이 살고
있사온데, 겨울이 되면
집이 춥고 양식이 부족하여
어머님을 잘 모시지 못해
항상 걱정입니다.

허허허. 근본〔本〕이
바른 청년이로구나.
늙으신 어머님을 잘
모시고자 하는 효심이
참으로 지극하도다
本

내 너에게
새로[新] 집을
지어 주마. 또, 평생 먹을 수
있는 쌀도 보내 주겠노라.
성은이
망극하옵니다.
마마.

임금님의 병을
고쳐드렸더니
임금님께서 상으로
주셨어요.
아니, 이게 다
무엇이냐?

착한 마음씨로
말미암아 [由] 나무꾼은
따뜻한 집과 넉넉한 쌀을 상으로 받았지.
토닥

그리고 상으로 받은 쌀을
다른 [別] 사람들에게도
나누어 주었단다.

어떠냐? 이야기가
재미있었니?

허허허허
네, 할아버지. 저도
그 나무꾼처럼 착하게
살 거예요.

소원을 **이루다**! 成(이룰 성)

'成'은 큰 날이 달린 도끼〔戊〕로 적들을 물리쳐〔丁〕 원하는 바를 이룬다는 데서 '이루다'를 뜻합니다.

필순에 따라 쓰며 확실하게 **외워 봐요**

丿 厂 厂 厉 成 成 成

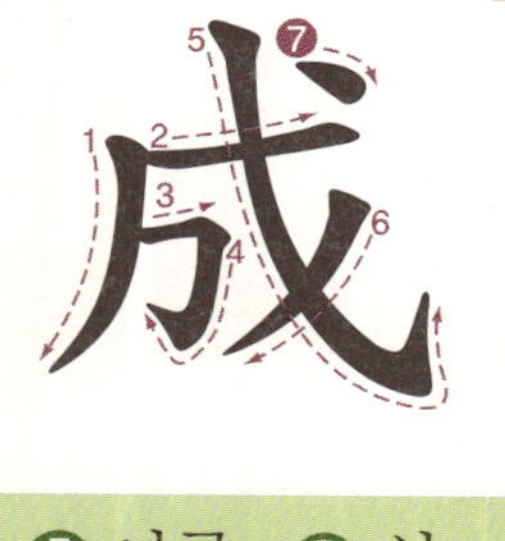

成

훈 이룰 **음** 성

(戈부, 총 7획)

成	成	成	成	成
이룰 성	이룰 성	이룰 성	이룰 성	이룰 성
成	成	成	成	成
이룰 성	이룰 성	이룰 성	이룰 성	이룰 성

어떻게 쓰일까?

• 체조 선수를 육**성**하고 있습니다.

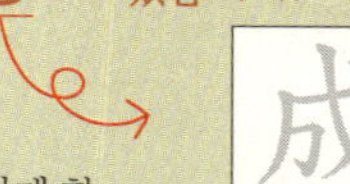

* 育成(육성) : 길러 자라게 함
• 드디어 일의 **성**과가 나타나기 시작했습니다.

* 成果(성과) : 일이 이루어진 결과

漢字 **퀴즈**

한자의 알맞은 훈·음을 빈 칸에 써 보세요.

'功'의 뜻인 '공'은 '공로'를 뜻한다고 설명해 주세요.

공을 세우다! 功(공 공)

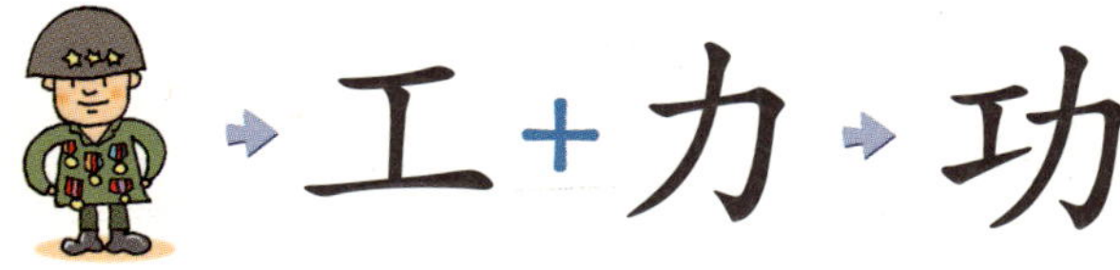

'功'은 도구[工]와 힘[力]을 이용해 공을 세운다는 것을 나타낸 글자로, '공'을 뜻합니다.

필순에 따라 쓰며 확실하게 **외워 봐요**

丁 工 功 功

功

훈 공 음 공

(力부, 총 5획)

功 功 功 功 功
공공 / 공공 / 공공 / 공공 / 공공
功 功 功 功 功
공 공 / 공 공 / 공 공 / 공 공 / 공 공

어떻게 쓰일까?

- 이번 전투에서 전**공**을 세웠습니다.
  功
- *戰功(전공) : 전투에서 세운 공
- 실패는 성**공**의 어머니라는 말이 있습니다.
  功
- *成功(성공) : 목적하는 바를 이룸

漢字 퀴즈

한자어의 독음을 빈 칸에 써 보세요.

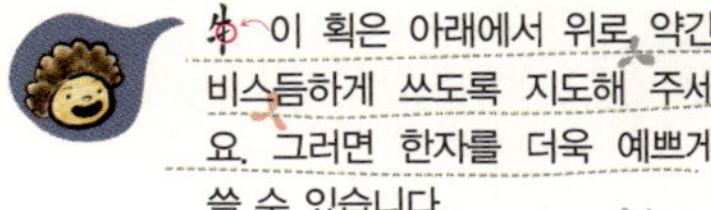

절에서 소는 **특별해!** 特 (특별할 특)

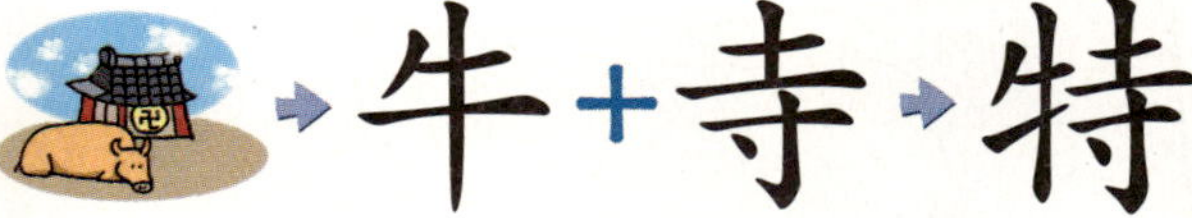

'特'은 절〔寺〕에서 소〔牛〕를 특별하게 다룬다는 데서 '특별하다'를 뜻합니다.

필순에 따라 쓰며 확실하게 **외워 봐요**

特

훈 특별할 음 특

(牛부, 총 10획)

특별할 특

特	特	特	特	特
특별할 특	특별할 특	특별할 특	특별할 특	특별할 특
特	特	特	特	特
특별할 특	특별할 특	특별할 특	특별할 특	특별할 특

어떻게 쓰일까?

- 청국장은 **特**유의 냄새가 납니다.
  特
  *特有(특유) : 일정한 사물에게만 특별히 있음
- 오늘은 우리 가족에게 **特**별한 날입니다.
  特
  *特別(특별) : 보통과 구별되게 다름

漢字 퀴즈

훈·음에 알맞은 한자를 빈 칸에 써 보세요.

특별할 특

'別'은 '다르다'와 '나누다'라는 두 가지의 뜻이 있다고 설명해 주세요.

뼈와 살은 **다르다**! 別(다를/나눌 별)

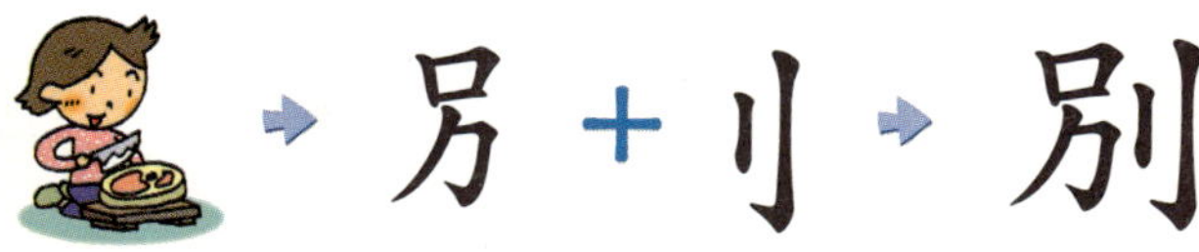

'別'은 뼈〔咼＝咼〕에 붙어 있는 살을 칼〔刀＝刂〕로 발라 낸다는 데서 '다르다/나누다'를 뜻합니다.

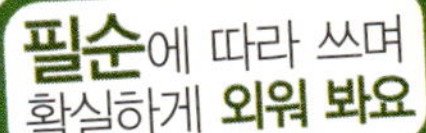
필순에 따라 쓰며 확실하게 **외워 봐요**

훈 다를/나눌　음 별

(刀(刂)부, 총 7획)

| ㅣ | 口 | 口 | 므 | 另 | 別 | 別 |

別	別	別	別	別
다를 별	나눌 별	다를 별	나눌 별	다를 별
別	別	別	別	別
다를 별	나눌 별	다를 별	나눌 별	다를 별

어떻게 쓰일까?

- 물건을 종류별로 구**별**했습니다.

別

＊區別(구별) : 종류에 따라 갈라 놓음

- 마음이 착한 내 친구의 **별**명은 천사입니다.

別

＊別名(별명) : 이름 이외에 달리 불리는 이름

漢字 퀴즈

'別'의 훈에 알맞은 그림을 찾아 ○하고, 한자의 훈·음을 써 보세요.

別

훈·음 ____________

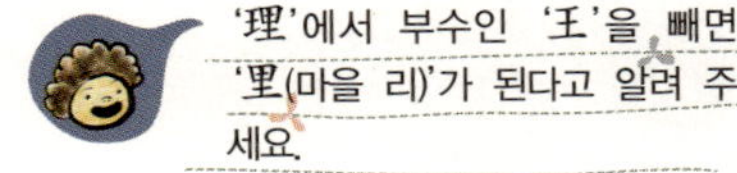

나라를 **다스리다**! 理(다스릴 리)

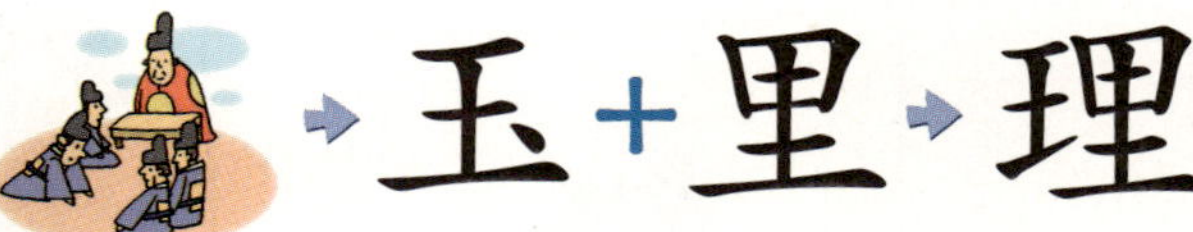

'理'는 조심스럽게 옥[玉]을 다루듯 나라[里]를 잘 다스렸다는 데서 '다스리다'를 뜻합니다.

필순에 따라 쓰며 확실하게 **외워 봐요**

一 二 干 王 玕 珇 珇 珇 理 理

理 理 理 理 理

다스릴 리 / 다스릴 리 / 다스릴 리 / 다스릴 리 / 다스릴 리

理 理 理 理 理

다스릴 리 / 다스릴 리 / 다스릴 리 / 다스릴 리 / 다스릴 리

훈 다스릴 **음** 리

(玉(王)부, 총 11획)

어떻게 쓰일까?

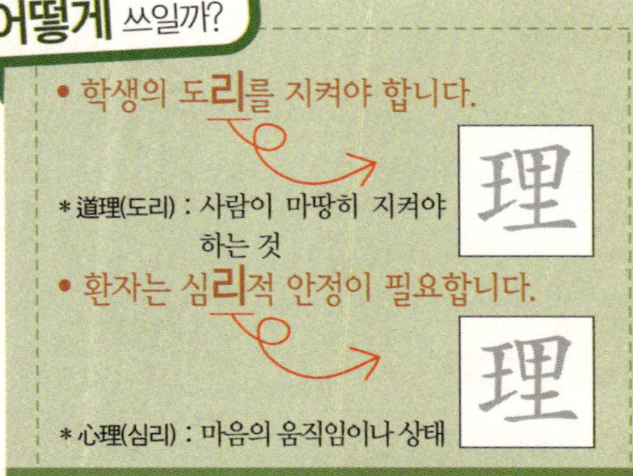

- 학생의 도**리**를 지켜야 합니다.

  *道理(도리) : 사람이 마땅히 지켜야 하는 것

- 환자는 심**리**적 안정이 필요합니다.

  *心理(심리) : 마음의 움직임이나 상태

漢字 퀴즈

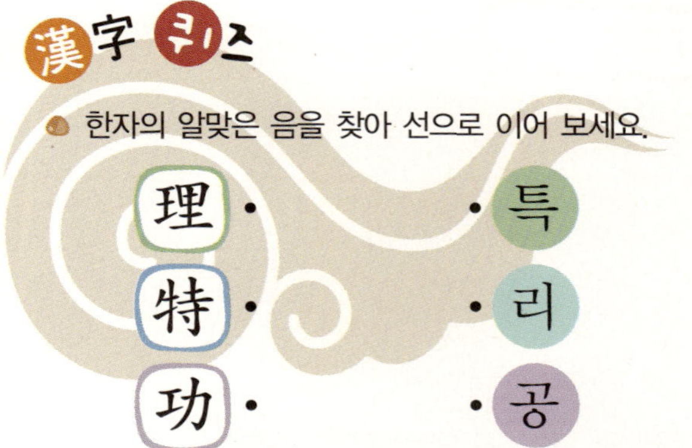

- 한자의 알맞은 음을 찾아 선으로 이어 보세요.

  理 ·   · 특

  特 ·   · 리

  功 ·   · 공

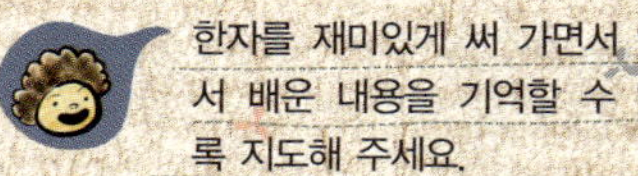

 한자를 재미있게 써 가면서 앞에서 배운 내용을 기억할 수 있도록 지도해 주세요.

실로폰 안에 있는 한자의 알맞은 음을 빈 칸에 써 보세요.

成, 功, 特, 別, 理 다시 한번 쓱쓱!

成	成				
이룰 성	이룰 성				
功	功				
공 공	공 공				
特	特				
특별할 특	특별할 특				
別	別				
다를/나눌 별	다를/나눌 별				
理	理				
다스릴 리	다스릴 리				

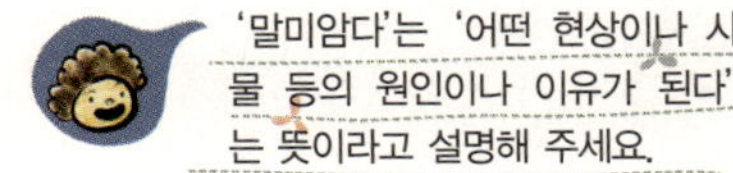

한자씩

🌼 술단지의 모양을 본뜬 **말미암을** 유! **由**(말미암을 유)

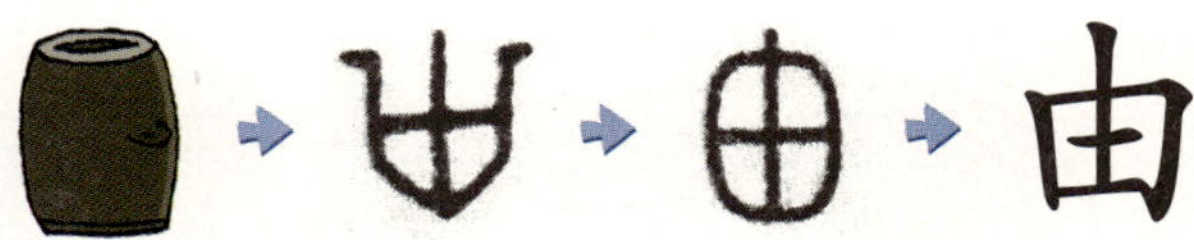

'由'는 바닥이 깊은 술단지의 모양을 나타낸 글자로, '말미암다'를 뜻합니다.

*한자 성어 – 自由自在(자유자재) : 자기 마음대로 할 수 있음

필순에 따라 쓰며 확실하게 외워 봐요

ㅣ ㄇ ㄇ 由 由

(훈) 말미암을 (음) 유

(田부, 총 5획)

由	由	由	由	由
말미암을 유	말미암을 유	말미암을 유	말미암을 유	말미암을 유
由	由	由	由	由
말미암을 유	말미암을 유	말미암을 유	말미암을 유	말미암을 유

어떻게 쓰일까?

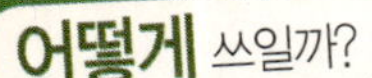

- 쥐불놀이의 **유**래에 대해 배웠습니다.

  由

  *由来(유래) : 사물이나 일이 생겨난 바
- 선생님께서 지각한 이**유**를 물었습니다.

  由

  *理由(이유) : 까닭

漢字 퀴즈

🌰 한자의 알맞은 음을 찾아 ○해 보세요.

01 **02** 03 04 05

한자에 '木(나무 목)'이 들어가면 '나무'와 관련된 뜻을 가진다고 알려 주세요. 예) 根(뿌리 근), 植(심을 식), 林(수풀 림)' 등

나무의 **뿌리**! 根(뿌리 근)

木 + 艮 ▶ 根

'根'은 나무(木)를 땅에 머물게 하는(艮) 부분이라는 데서 '뿌리'를 뜻합니다.

* '根(뿌리 근)'과 훈이 비슷한 한자에는 '本(근본 본)'이 있습니다.

필순에 따라 쓰며 확실하게 외워 봐요

一 十 才 木 杧 柯 柯 椴 根 根

훈 **뿌리** 음 **근**

(木부, 총 10획)

根	根	根	根	根
뿌리근	뿌리근	뿌리근	뿌리근	뿌리근
根	根	根	根	根
뿌리 근	뿌리 근	뿌리 근	뿌리 근	뿌리 근

어떻게 쓰일까?

• 들에서 나물과 초**근**을 캐었습니다.

根

* 草根(초근) : 풀뿌리

• 먼저 이 병의 **근**본 원인을 찾아야 합니다.

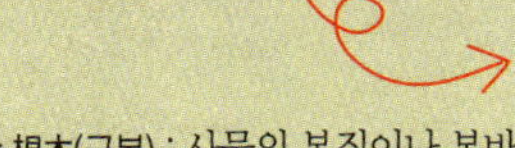
根

* 根本(근본) : 사물의 본질이나 본바탕

漢字 퀴즈

한자의 알맞은 훈·음을 써 보세요.

根

훈·음

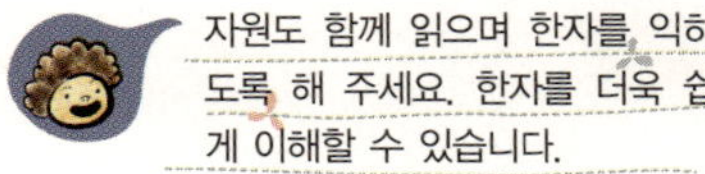
자원도 함께 읽으며 한자를 익히도록 해 주세요. 한자를 더욱 쉽게 이해할 수 있습니다.

뿌리는 나무의 **근본**! 本 (근본 본)

木 + 一 → 本

'本'은 나무(木)에서 뿌리가 가장 기본(一)이 된다는 데서 '근본'을 뜻합니다.

필순에 따라 쓰며 확실하게 외워 봐요

一 十 才 木 本

훈 근본 음 본

(木부, 총 5획)

本	本	本	本	本
근본 본	근본 본	근본 본	근본 본	근본 본
本	本	本	本	本
근본 본	근본 본	근본 본	근본 본	근본 본

어떻게 쓰일까?

- 우리는 **본**부의 지시를 따랐습니다.

  本

  *本部(본부) : 어떤 단체의 중심이 되는 곳

- 이 과자는 딸기 **본**연의 맛을 잘 살렸습니다.

  本

  *本然(본연) : 원래 생긴 그대로의 상태

漢字 퀴즈

밑줄 친 글자에 알맞은 한자를 빈 칸에 써 보세요.

01 **02** 03 04 05

 달리면서 활을 **쏘다/피다**! 發 (필 **발**)

癶 + 弓 + 殳 → 發

'發'은 달리면서〔癶〕 활〔弓〕이나 창〔殳〕을 쏘는 것을 나타낸 글자로, '쏘다/피다'를 뜻합니다.

필순에 따라 쓰며 확실하게 **외워 봐요**

ㄱ ㄱ ㄱ ㄱ 癶 癶 癶 發 發 發 發 發

發	發	發	發	發
필발	필발	필발	필발	필발
發	發	發	發	發
필발	필발	필발	필발	필발

훈 **필** 음 **발**

(癶부, 총 12획)

어떻게 쓰일까?

- 내 꿈은 **발**명가가 되는 것입니다. → 發

* 發明家(발명가) : 새로운 물건 또는 방법을 만들어 내는 사람

- 전염병이 **발**병하여 많은 사람들이 죽었습니다. → 發

* 發病(발병) : 병이 남

漢字 퀴즈

- 한자의 알맞은 훈과 음을 찾아 ○해 보세요.

피다　發　지다

팔　　　　발

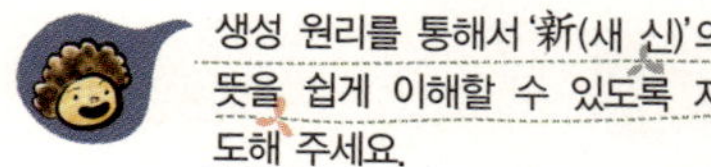
생성 원리를 통해서 '新(새 신)'의 뜻을 쉽게 이해할 수 있도록 지도해 주세요.

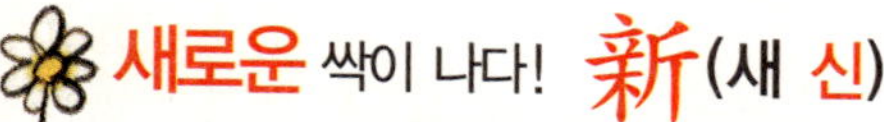 새로운 싹이 나다! 新(새 신)

辛 + 木 + 斤 → 新

'新'은 서있는〔立〕 나무〔木〕를 도끼〔斤〕로 자르면 그 자리에 새로운 싹이 돋아난다는 데서 '새롭다'를 뜻합니다.

* '新(새 신)'과 훈이 반대 되는 한자에는 '古(예 고)'가 있습니다.

필순에 따라 쓰며 확실하게 외워 봐요

` ` ` ㅗ ㅗ ㅗ 立 辛 辛 亲 新 新 新 新

훈 새 음 신

(斤부, 총 13획)

新	新	新	新	新
새 신	새 신	새 신	새 신	새 신
新	新	新	新	新
새 신	새 신	새 신	새 신	새 신

어떻게  쓰일까?

- 여름이면 **신록**이 푸르게 우거집니다.

新

* 新綠(신록) : 새 잎의 푸른빛

- 아버지께서는 아침마다 **신**문을 읽으십니다.

新

* 新聞(신문) : 새 소식을 빨리 전하는 정기 간행물

 漢字 퀴즈

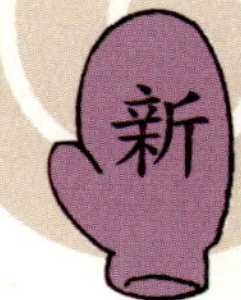 '새롭다'라는 훈을 가진 한자를 찾아 ○하고, 그 한자의 음을 빈 칸에 써 보세요.

 新 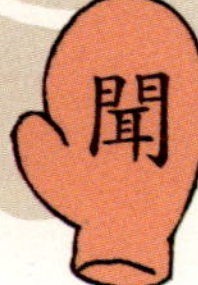 發  聞

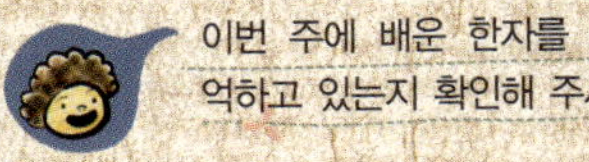

한자의 알맞은 훈·음을 찾아 선으로 이어 보세요.

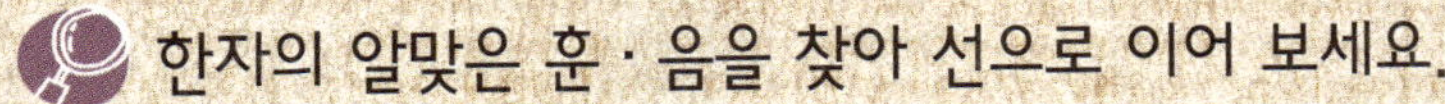

由, 根, 本, 發, 新 다시 한번 쓱쓱!

 한자어를 읽으면서 써 보세요.

成功(성공) : 목적하는 바를 이룸

成功	成功	成功		
성 공	성 공	성 공		

特別(특별) : 보통과 구별되게 다름

特別	特別	特別		
특 별	특 별	특 별		

理由(이유) : 까닭

理由	理由	理由		
이 유	이 유	이 유		

根本(근본) : 사물의 본질이나 본바탕

根本	根本	根本		
근 본	근 본	근 본		

區別(구별) : 종류에 따라 갈라 놓음

區別	區別	區別		
구 별	구 별	구 별		

發病(발병) : 병이 남

發病	發病	發病		
발 병	발 병	발 병		

新聞(신문) : 새 소식을 빨리 전하는 정기 간행물

新聞	新聞	新聞		
신 문	신 문	신 문		

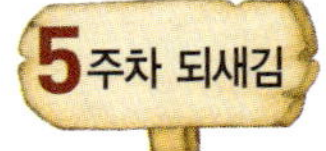
5주차 되새김 5주차에서 배운 한자를 모두 기억하고 있나요?
문제를 풀며 확인해 보세요.

한자의 알맞은 훈과 음을 찾아 선으로 이어 보세요.

 苦 ·

 勝 ·

 失 ·

 勇 ·

 對 ·

· 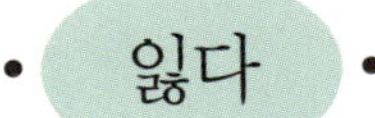 잃다 ·

· 이기다 ·

· 쓰다 ·

· 대하다 ·

· 날래다 ·

·  승

· 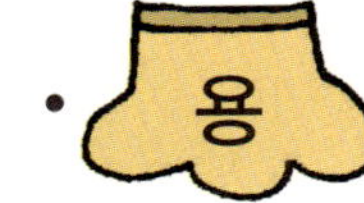 용

·  실

·  고

·  대

한자의 알맞은 훈·음을 빈 칸에 써 보세요.

 利

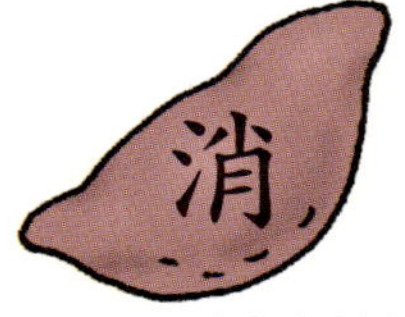 消

 戰

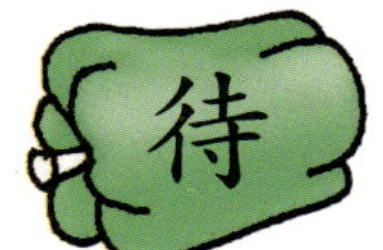 待

 定

틀린 문제들은 꼭 다시 확인할
수 있도록 지도해 주세요.

1 다음 漢字(한자)의 訓(훈)과 音(음)을 쓰세요.

보기

音 ➡ 소리 음

❶ 功 (   )　　❷ 別 (   )

❸ 新 (   )　　❹ 理 (   )

❺ 特 (   )　　❻ 根 (   )

❼ 本 (   )　　❽ 成 (   )

❾ 由 (   )　　❿ 發 (   )

* 모양이 비슷한 한자
'特(특별할 특)'과 '待(기다릴
대)' : 寺 앞에 牛가 있으면 소가
특별하다는 데서 '特(특별할
특)', 寺 앞에 彳이 있으면 두 사람
이 기다린다는 데서 '待(기다릴
대)'.

2 다음 漢字語(한자어)의 讀音(독음)을 쓰세요.

보기

讀音 ➡ 독음

❶ 成功 (   )　　❷ 特別 (   )

❸ 理由 (   )　　❹ 根本 (   )

❺ 區別 (   )　　❻ 發病 (   )

❼ 勝戰 (   )　　❽ 新聞 (   )

❾ 戰功 (   )　　❿ 消失 (   )

⓫ 勝利 (   )　　⓬ 苦待 (   )

* '里(마을 리)'와 '理(다스
릴 리)' : 里 앞에 王이 있으면
왕이 마을(나라)을 다스린다는
데서 '理(다스릴 리)'.

3 다음 밑줄 친 漢字語(한자어)를 漢字(한자)로 쓰세요.

한자 ➡ 漢字

❶ 할아버지께서 <u>신문</u>을 보고 계십니다. (   )

❷ <u>소실</u>되었던 문화재가 복원되었습니다. (   )

❸ 오늘 점심에는 <u>특별</u> 요리가 나왔습니다. (   )

❹ 둘이 너무 닮아서 잘 <u>구별</u>되지 않습니다. (   )

❺ 선생님께 지각한 <u>이유</u>를 설명드렸습니다. (   )

❻ 실패는 <u>성공</u>의 어머니라는 말이 있습니다. (   )

❼ 우리 팀의 <u>승전</u> 소식을 빨리 알려야겠습니다. (   )

❽ 학생의 <u>근본</u>은 공부를 열심히 하는 것입니다. (   )

❾ 일본과의 축구 경기에서 한국이 <u>승리</u>했습니다. (   )

❿ 누나는 한자 시험에 합격하기를 <u>고대</u>하고 있습니다.
(   )

4 다음 (   )에 들어갈 漢字(한자)를 〈보기〉에서 찾아 그 번호를 쓰세요.

① 理   ② 由   ③ 特   ④ 成

❶ 自(   )自在

5 다음 漢字(한자)와 뜻이 같거나 비슷한 漢字(한자)를 찾아 그 번호를 쓰세요.

❶ 根 : ① 本　②功　③新　④特　（　　　）

6 다음 漢字(한자)의 反對字(반대자) 또는 相對字(상대자)를 찾아 그 번호를 쓰세요.

❶ 新 : ① 成　②別　③發　④古　（　　　）

7 다음 뜻을 가진 단어를 쓰세요.

보기

노인이나 약한 사람 ➜ 노약자

❶ 목적하는 바를 이룸　（　　　　　）

❷ 보통과 구별되게 다름　（　　　　　）

8 ❶ 功 ㉠

㉠ 획의 쓰는 순서를 아래에서 찾아 번호를 쓰세요. （　　　　）

① 두 번째　　② 세 번째
③ 네 번째　　④ 다섯 번째

❷ 本 ㉠

㉠ 획의 쓰는 순서를 아래에서 찾아 번호를 쓰세요. （　　　　）

① 첫 번째　　② 두 번째
③ 세 번째　　④ 네 번째

7급에서 배운 한자도 다시 복습
하도록 지도해 주세요.

7급 시험에 나오는 한자들이에요. 필순에 맞게 써 보세요.

一 二 三 声 夫 未 春 春 春							
春 봄 춘	春 봄 춘						

一 丆 亇 亓 丙 百 頁 夏 夏							
夏 여름 하	夏 여름 하						

一 二 千 禾 禾 禾 秒 秋 秋							
秋 가을 추	秋 가을 추						

丿 勹 夂 冬 冬							
冬 겨울 동	冬 겨울 동						

丨 冂 冃 日 日 旷 旷 旷 時 時							
時 때 시	時 때 시						

丨 冂 冂 冃 戶 戶 門 門 門 閂 閇 間 間							
間 사이 간	間 사이 간						

丿 二 午 午							
午 낮 오	午 낮 오						

丿 勹 夕							
夕 저녁 석	夕 저녁 석						

이번 주에 배운 한자를 모두 써 보세요.

成	成					
이룰 성	이룰 성					
功	功					
공 공	공 공					
特	特					
특별할 특	특별할 특					
別	別					
다를/나눌 별	다를/나눌 별					
理	理					
다스릴 리	다스릴 리					
由	由					
말미암을 유	말미암을 유					
根	根					
뿌리 근	뿌리 근					
本	本					
근본 본	근본 본					
發	發					
필 발	필 발					
新	新					
새 신	새 신					

따뜻한 목욕물! 溫 (따뜻할 온)
손으로 헤아려 재는 게 **법도**지! 度 (법도 도/헤아릴 탁)
물이 깨끗하고 **맑다**! 淸 (맑을 청)
해와 달은 모두 **밝다**! 明 (밝을 명)
점 하나 만큼 더 **크다**! 太 (클 태)
볕이 내리쬐는 언덕! 陽 (볕 양)
지나가는 **바람**! 風 (바람 풍)
바깥쪽을 **향해** 바라 봐! 向 (향할 향)
하늘에서 떨어지는 **눈**! 雪 (눈 설)
머리 위에서 **빛**이 나다! 光 (빛 광)

🌼 일정	🌼 쪽수	🌼 학습 내용
1일차	56~61	한 자씩(溫, 度, 淸, 明, 太 익히기), 자신 있게(복습)
2일차	62~67	한 자씩(陽, 風, 向, 雪, 光 익히기), 자신 있게(복습)
3일차	68~69	끝장내기(한자어 쓰기, 6주차 복습)
4일차	70~72	내것 만들기(실전 유형 문제 풀기)
5일차	73~74	기억하기(7급 한자 쓰기, 溫, 度, 淸, 明, 太, 陽, 風, 向, 雪, 光 쓰기)

내일 눈사람을 만들 수 있게 눈을 내려 주세요.
明
벌써 날이 밝았네〔明〕~ 어젯밤 꿈에 눈이 내렸는데……
清
눈도 내렸고 날씨도 맑아서〔清〕 참 기분 좋은 아침이야~

雪
우와! 눈〔雪〕이다. 진짜 눈이 내렸어!
애들아, 놀자~

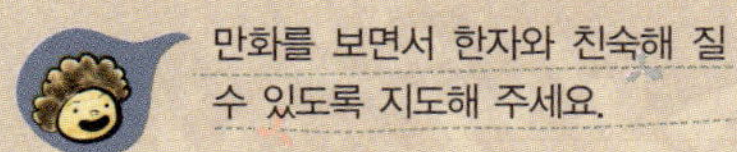
만화를 보면서 한자와 친숙해 질
수 있도록 지도해 주세요.

내가 어젯밤에
눈을 내리게 해달라고
기도를 드렸더니
정말 눈이 내렸어.

이 고드름 좀 봐.

우리 누가 가장 큰
눈사람을 만드나
시합하자.
그래,
좋아!
내가 제일 크게
만들어야지.

陽
볕〔陽〕이 비치는
곳의 눈들은 모두 다
녹았어. 그늘진 곳에서
눈을 굴리자.

눈, 코,
입도 만들고
……
반짝반짝
빛〔光〕이 나는 내
귀마개도 씌워 줘야지~
光

짜잔~
내가 제일 크게
만들었지?

아니야,
내 것이
더 커.

내가 보기에는 민수가 만든
것이 더 큰〔太〕 것 같은데!
하지만 모두 예쁘게 잘 만들었네.

그런데 우리가 만든 눈사람들이
모두 같은 곳을 향해〔向〕
바라보고 서 있다.

그러게. 신기하게도
모두 약속한 것처럼
한 방향을 향하고
서 있네.

그런데 너 지금
뭐 해?

불쌍한 사람을
도와주는 게 우리 집
법도〔度〕거든. 눈사람이
옷도 안 입고 있는데
얼마나 춥겠어.

그럼 나는 목도리를 둘러 줘야지.
게다가 바람〔風〕까지 불면 더 춥잖아.
나는 장갑을 끼워 줄 거야.
風

溫
우리 눈사람을 따뜻한〔溫〕 방으로 데려가자.
그래.

이제 눈사람도 따뜻하겠지?

어? 눈사람이 녹고 있어.
불 옆에 있어서 그런가 봐.

다음에 눈이 내리면 또 만들자.
좋아!

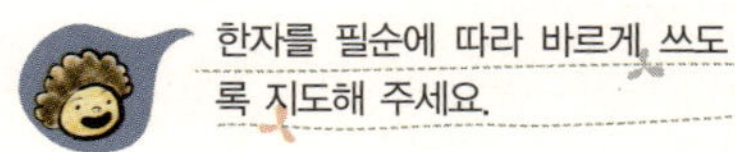

따뜻한 목욕물! 溫(따뜻할 온)

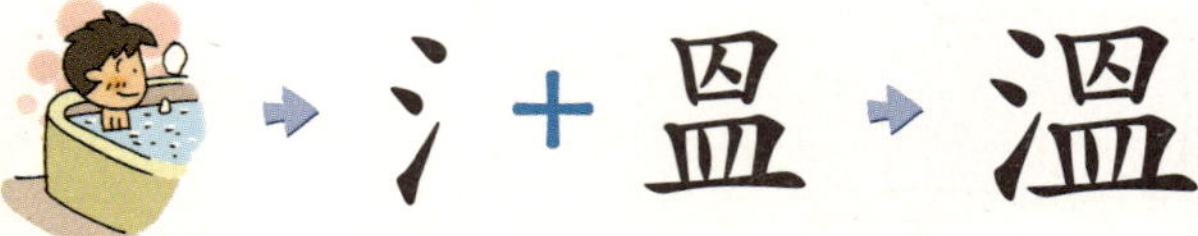

'溫'은 커다란 대야(皿)에 물(水 = 氵)을 담아 놓고 목욕하는 사람(囚)을 나타낸 글자로, '따뜻하다'를 뜻합니다.

필순에 따라 쓰며 확실하게 외워 봐요

丶 冫 氵 氵 汩 汩 潵 潵 溫 溫 溫 溫 溫

훈 따뜻할 음 온

(水(氵)부, 총 13획)

溫	溫	溫	溫	溫
따뜻할 온	따뜻할 온	따뜻할 온	따뜻할 온	따뜻할 온
溫	溫	溫	溫	溫
따뜻할 온	따뜻할 온	따뜻할 온	따뜻할 온	따뜻할 온

어떻게 쓰일까?

- 겨울에도 **온**실 안은 따뜻합니다.

溫

*溫室(온실) : 건물을 따뜻하게 하기 위한 장치를 한 방

- 어머니께서는 성품이 **온**화하십니다.

溫

*溫和(온화) : 성격, 태도가 온순하고 부드러움

漢字 퀴즈

한자의 알맞은 훈과 음을 찾아 ○해 보세요.

'度'는 '법도 도'와 '헤아릴 탁', 두 가지의 뜻과 음을 가진다고 설명해 주세요.

손으로 헤아려 재는 게 **법도**지! 度(법도 **도**/헤아릴 **탁**)

'度'는 손〔又〕으로 여러 가지〔庶〕를 헤아려 잰다는 데서 '**법도/헤아리다**'를 뜻합니다.

필순에 따라 쓰며 확실하게 **외워 봐요**

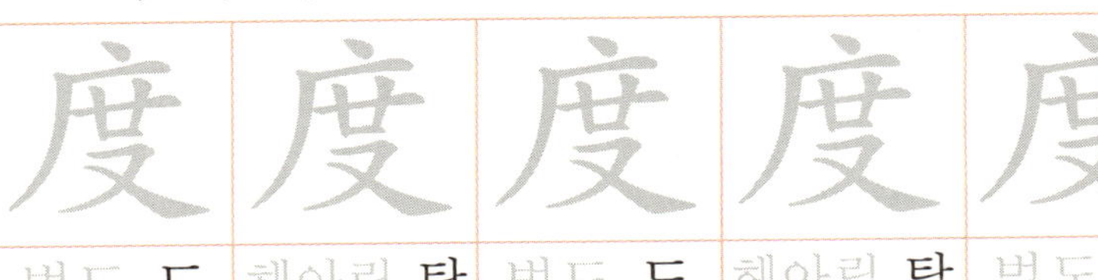
丶 亠 广 庐 庐 庐 庐 度 度

훈 법도   음 도
훈 헤아릴   음 탁
(广부, 총 9획)

度	度	度	度	度
법도 도	헤아릴 탁	법도 도	헤아릴 탁	법도 도
度	度	度	度	度
법도 도	헤아릴 탁	법도 도	헤아릴 탁	법도 도

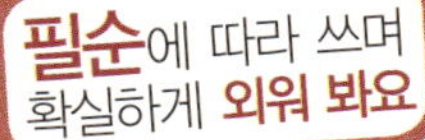 어떻게 쓰일까?

- 냉장고 안의 온**도**는 영하 1도입니다.

度

*溫度(온도) : 따뜻함과 차가움의 정도

- 새로운 각**도**에서 문제를 생각했습니다.

度

*角度(각도) : 생각의 방향이나 관점, 각의 크기

 漢字 퀴즈

한자의 알맞은 훈 또는 음을 빈 칸에 써 보세요.

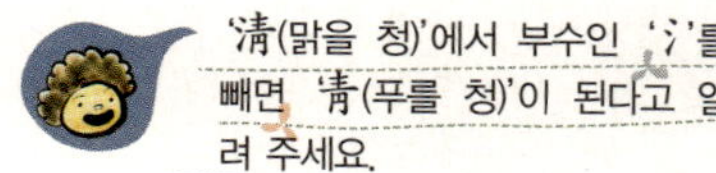

물이 깨끗하고 **맑다!** 淸(맑을 청)

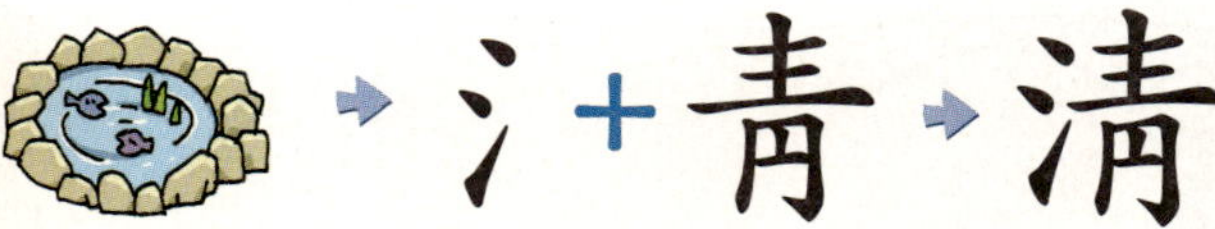

'淸'은 물[水=氵]이 깨끗하고[靑] 맑다는 데서 '맑다'를 뜻합니다.

* '淸(맑을 청)'과 음이 같은 한자에는 '靑(푸를 청)'이 있습니다.

필순에 따라 쓰며 확실하게 **외워 봐요**

`丶 冫 氵 氵 浐 浐 淸 淸 淸 淸`

훈 **맑을** 음 **청**

(水(氵)부, 총 11획)

淸	淸	淸	淸	淸
맑을 청	맑을 청	맑을 청	맑을 청	맑을 청
淸	淸	淸	淸	淸
맑을 청	맑을 청	맑을 청	맑을 청	맑을 청

어떻게 쓰일까?

• 시원한 **청**풍이 불어옵니다.

淸

* 淸風(청풍) : 부드럽고 맑게 부는 바람

• 오늘은 구름 한 점 없는 **청**명한 날입니다.

淸

* 淸明(청명) : 날씨가 깨끗하고 맑음

漢字 퀴즈

한자의 알맞은 훈·음을 써 보세요.

훈·음 ____________

01 02 03 04 05

'日(날 일)'과 '月(달 월)'을 붙여 쓰면 '明(밝을 명)'이 된다고 알려 주세요.

해와 달은 모두 **밝다**! 明(밝을 명)

'明'은 해〔日〕와 달〔月〕이 합쳐진 글자로, 해와 달은 모두 밝다는 데서 '밝다'를 뜻합니다.

＊한자 성어 – **天地神明**(천지신명) : 천지의 조화를 맡아 일하는 온갖 신령

필순에 따라 쓰며 확실하게 **외워 봐요**

丨 冂 冂 日 日 明 明 明

明 | 明 | 明 | 明 | 明
밝을 명 | 밝을 명 | 밝을 명 | 밝을 명 | 밝을 명
明 | 明 | 明 | 明 | 明
밝을 명 | 밝을 명 | 밝을 명 | 밝을 명 | 밝을 명

明

훈 밝을 **음** 명

(日부, 총 8획)

어떻게 쓰일까?

• 오늘 밤에는 **명**월이 떴습니다.

＊明月(명월) : 밝은 달

• 우리가 이겼다는 증거가 **명**백합니다.

＊明白(명백) : 아주 분명함

漢字 퀴즈

한자의 알맞은 음을 찾아 선으로 이어 보세요

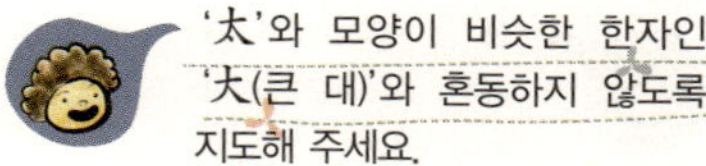

점 하나 만큼 더 크다! 太(클 태)

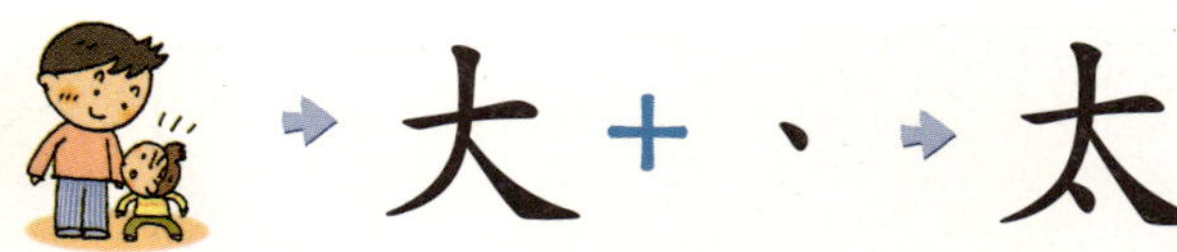

'太'는 큰(大) 것보다 점(、) 하나만큼 더 크다
는 것을 나타낸 글자로, '크다'를 뜻합니다.

필순에 따라 쓰며
확실하게 **외워 봐요**

一 ナ 大 太

太	太	太	太	太
클 태	클 태	클 태	클 태	클 태
太	太	太	太	太
클 태	클 태	클 태	클 태	클 태

太

훈 **클** 음 **태**

(大부, 총 4획)

어떻게 쓰일까?

- 아침이 되자 **태**양이 높이 떴습니다.

太

＊太陽(태양) : 해

- 이곳은 **태**고의 비밀을 간직한 땅입니다.

太

＊太古(태고) : 아주 먼 옛날

漢字 퀴즈

훈·음에 알맞은 한자를 빈 칸에 써 보세요.

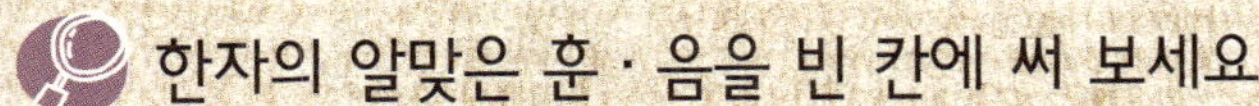

한자의 알맞은 훈·음을 빈 칸에 써 보세요.

溫, 度, 清, 明, 太 다시 한번 쓱쓱!

溫	溫				
따뜻할 온	따뜻할 온				
度	度				
법도 도/헤아릴 탁	법도 도/헤아릴 탁				
清	清				
맑을 청	맑을 청				
明	明				
밝을 명	밝을 명				
太	太				
클 태	클 태				

확인하기
溫 따뜻할 온 度 법도 도/헤아릴 탁 清 맑을 청 明 밝을 명 太 클 태

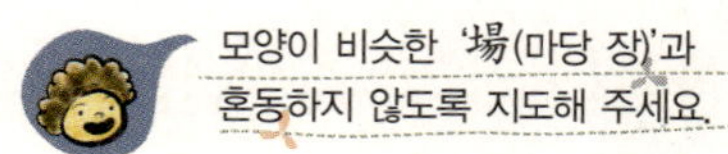

볕이 내리쬐는 언덕! 陽(볕 양)

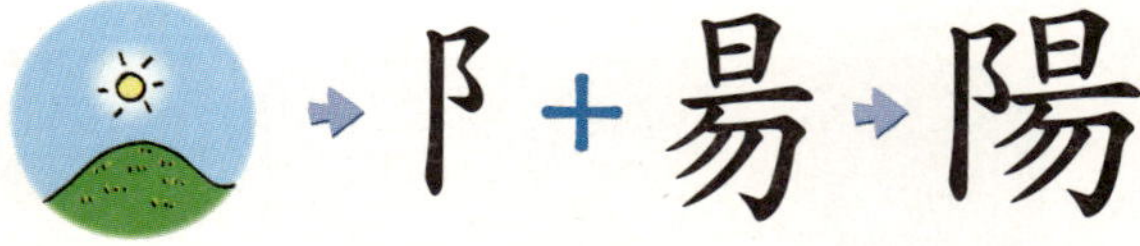

'陽'은 햇볕〔昜〕이 잘 내리쬐는 언덕〔阜＝阝〕
을 나타낸 글자로, '볕'을 뜻합니다.

필순에 따라 쓰며 **확실하게 외워 봐요**

陽

훈 볕 음 양

(阜(阝)부, 총 12획)

陽	陽	陽	陽	陽
볕 양	볕 양	볕 양	볕 양	볕 양
陽	陽	陽	陽	陽
볕 양	볕 양	볕 양	볕 양	볕 양

어떻게 쓰일까?

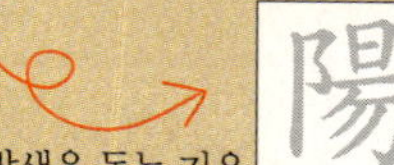

- 봄은 만물에 **양**기가 충만한 계절입니다.

陽

*陽氣(양기) : 만물의 발생을 돕는 기운

- 고양이가 **양**지에서 잠을 자고 있습니다.

陽

*陽地(양지) : 햇볕이 바로 드는 곳

漢字 퀴즈

한자의 알맞은 훈과 음을 써 보세요.

陽

훈 ______

음 ______

風 이 획을 바람이 쌩하게 불어 날아가듯이 휘어 쓰도록 지도해 주세요.

🌼 지나가는 **바람**! 風(바람 **풍**)

凡 + 虫 ▶ 風

'風'은 대체로〔凡〕 바람이 지나가면 벌레〔虫〕와 모든 생물들이 움직이는 것을 나타낸 글자로, '바람'을 뜻합니다.

*한자 성어-淸風明月(청풍명월) : 맑은 바람과 밝은 달

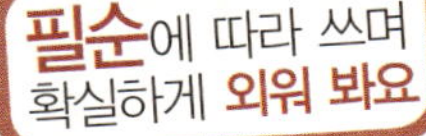
필순에 따라 쓰며 확실하게 **외워 봐요**

丿 几 凡 凡 風 風 風 風 風

훈 바람 **음** 풍

(風부, 총 9획)

風	風	風	風	風
바람 풍	바람 풍	바람 풍	바람 풍	바람 풍
風	風	風	風	風
바람 풍	바람 풍	바람 풍	바람 풍	바람 풍

어떻게 쓰일까?

- 네덜란드에는 **풍**차가 많이 있습니다.

風

*風車(풍차) : 바람의 힘을 기계적인 힘으로 바꾸는 장치

- 쥐불 놀이는 우리의 오래된 **풍**습입니다.

風

*風習(풍습) : 풍속과 습관

漢字 퀴즈

한자의 알맞은 훈과 음을 찾아 ○해 보세요.

훈	음
볕	풍
바람	양

風

바깥쪽을 **향해** 바라 봐! 向(향할 향)

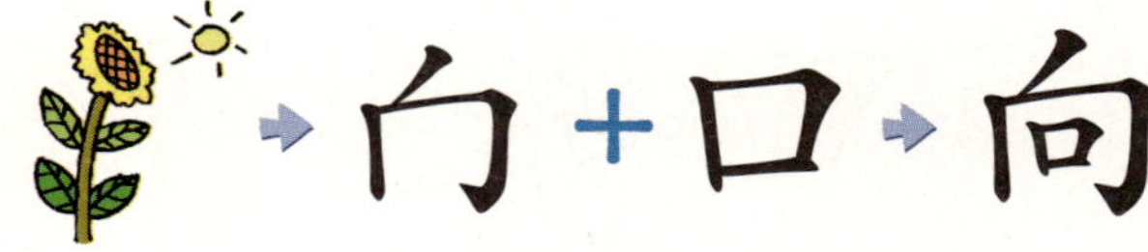

필순에 따라 쓰며 확실하게 **외워 봐요**

`′ ′ 勹 向 向 向`

向	向	向	向	向
향할 향	향할 향	향할 향	향할 향	향할 향
向	向	向	向	向
향할 향	향할 향	향할 향	향할 향	향할 향

向

훈 향할 음 향

(口부, 총 6획)

어떻게 쓰일까?

- 동쪽 방**향**으로 쭉 걸어가시면 됩니다.

向

*方向(방향) : 향하거나 나아가는 쪽
- 흔들리는 깃발을 보니 풍**향**은 북쪽입니다.

向

*風向(풍향) : 바람이 불어오는 방향

한자의 알맞은 훈과 음을 써 보세요.

01 **02** 03 04 05

 자원을 통해 '雪'의 뜻을 설명해 주세요.

 하늘에서 떨어지는 눈! 雪(눈 설)

雨 + ヨ → 雪

'雪'은 하늘에서 비(雨)처럼 떨어지는 눈을 빗자루(ヨ)로 쓸어야 한다는 것을 나타낸 글자로, '눈'을 뜻합니다.

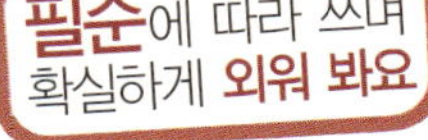
필순에 따라 쓰며 확실하게 **외워 봐요**

一　厂　厂　戸　示　示　示　雪　雪　雪　雪

훈 눈　**음** 설

(雨부, 총 11획)

雪	雪	雪	雪	雪
눈 설	눈 설	눈 설	눈 설	눈 설
雪	雪	雪	雪	雪
눈 설	눈 설	눈 설	눈 설	눈 설

어떻게 쓰일까?

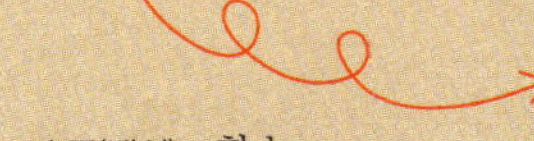
- 「백**설** 공주와 일곱 난쟁이」 책을 샀습니다.

雪

* 白雪(백설) : 흰 눈

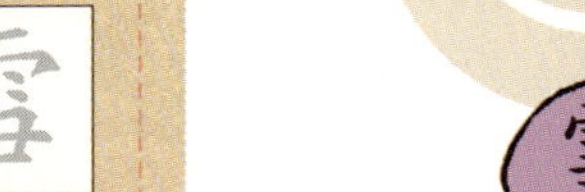
- 눈이 많이 내려 대**설** 주의보가 내렸습니다.

雪

* 大雪(대설) : 아주 많이 내린 눈

漢**字** 퀴즈

훈·음에 알맞은 한자를 찾아 ○해 보세요.

 陽
 눈설
 明
 雪
 風

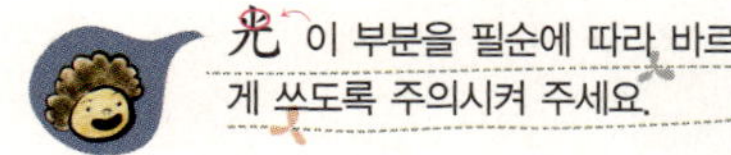

머리 위에서 **빛**이 나다! 光(빛 광)

火 + 儿 → 光

'光'은 사람〔儿 = 人〕이 등불〔火〕을 머리 위에
얹은 모양을 나타낸 글자로, '빛'을 뜻합니다.

＊한자 성어 – 電光石火(전광석화) : 매우 짧은 시간이나 매우 빠른 움직임

필순에 따라 쓰며
확실하게 **외워 봐요**

ㅣ ㅣ ㅓ ㅘ ㅆ 光 光

光

훈 빛 음 광

(儿부, 총 6획)

光	光	光	光	光
빛 광	빛 광	빛 광	빛 광	빛 광
光	光	光	光	光
빛 광	빛 광	빛 광	빛 광	빛 광

어떻게 쓰일까?

• 엄마가 야**광** 시계를 사 주셨습니다.

光

＊夜光(야광) : 어둠 속에서 빛을 냄

• 하얗게 빛나는 설**광**에 눈이 부십니다.

光

＊雪光(설광) : 눈에서 나는 빛

漢字 퀴즈

• 한자들의 알맞은 훈·음을 찾아 선으로 이어
보세요.

光 •

• 눈 설

雪 •

• 빛 광

선으로 이어가면서 앞에서 배운 한자들을 복습할 수 있도록 지도 해 주세요.

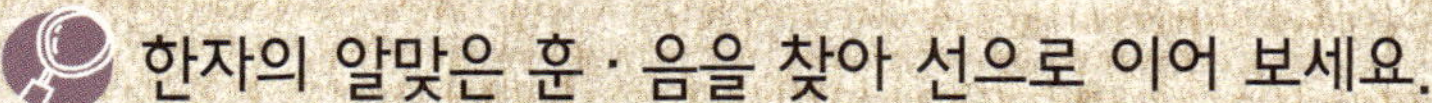

한자의 알맞은 훈 · 음을 찾아 선으로 이어 보세요.

明 ·   · 맑을 청   向 ·   · 바람 풍
陽 ·   · 밝을 명   光 ·   · 빛 광
太 ·   · 따뜻할 온   風 ·   · 눈 설
溫 ·   · 클 태   度 ·   · 향할 향
淸 ·   · 볕 양   雪 ·   · 법도 도/헤아릴 탁

陽, 風, 向, 雪, 光 다시 한번 쓱쓱!

陽 볕 양	陽 볕 양				
風 바람 풍	風 바람 풍				
向 향할 향	向 향할 향				
雪 눈 설	雪 눈 설				
光 빛 광	光 빛 광				

확인하기
溫 따뜻할 온 度 법도 도/헤아릴 탁 淸 맑을 청 明 밝을 명 太 클 태
陽 볕 양   風 바람 풍   向 향할 향 雪 눈 설 光 빛 광

끝장내기

한자어를 읽으면서 써 보세요.

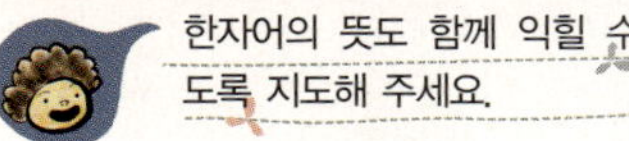
한자어의 뜻도 함께 익힐 수 있도록 지도해 주세요.

溫度(온도) : 따뜻함과 차가움의 정도				
溫度 온 도	溫度 온 도	溫度 온 도		

淸明(청명) : 날씨가 깨끗하고 맑음				
淸明 청 명	淸明 청 명	淸明 청 명		

太陽(태양) : 해				
太陽 태 양	太陽 태 양	太陽 태 양		

風向(풍향) : 바람이 불어오는 방향				
風向 풍 향	風向 풍 향	風向 풍 향		

淸風(청풍) : 부드럽고 맑게 부는 바람				
淸風 청 풍	淸風 청 풍	淸風 청 풍		

雪光(설광) : 눈에서 나는 빛				
雪光 설 광	雪光 설 광	雪光 설 광		

陽地(양지) : 햇볕이 바로 드는 곳				
陽地 양 지	陽地 양 지	陽地 양 지		

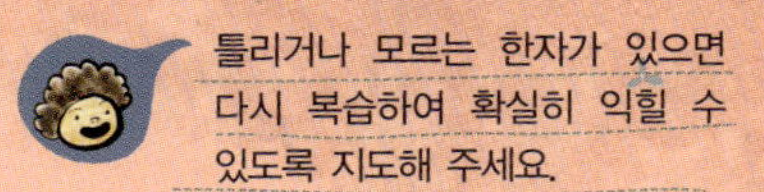

틀리거나 모르는 한자가 있으면 다시 복습하여 확실히 익힐 수 있도록 지도해 주세요.

6주차 되새김 6주차에서 배운 한자를 모두 기억하고 있나요?
문제를 풀며 확인해 보세요.

한자의 알맞은 훈과 음을 찾아 선으로 이어 보세요.

한자의 알맞은 음을 빈 칸에 써 보세요.

1 다음 漢字(한자)의 訓(훈)과 音(음)을 쓰세요.

> 보기
>
> 音 ➡ 소리 음

❶ 溫 (　　　　) ❷ 淸 (　　　　)

❸ 太 (　　　　) ❹ 風 (　　　　)

❺ 明 (　　　　) ❻ 光 (　　　　)

❼ 雪 (　　　　) ❽ 陽 (　　　　)

❾ 向 (　　　　) ❿ 度 (　　　　)

2 다음 漢字語(한자어)의 讀音(독음)을 쓰세요.

> 보기
>
> 讀音 ➡ 독음

❶ 溫度 (　　　　) ❷ 淸明 (　　　　)

❸ 太陽 (　　　　) ❹ 風向 (　　　　)

❺ 淸風 (　　　　) ❻ 雪光 (　　　　)

❼ 陽地 (　　　　) ❽ 特別 (　　　　)

❾ 理由 (　　　　) ❿ 根本 (　　　　)

⓫ 成功 (　　　　) ⓬ 發明 (　　　　)

3 다음 밑줄 친 漢字語(한자어)를 漢字(한자)로 쓰세요.

> **보기**
>
> 한자 ➡ 漢字

❶ <u>태양</u>이 높이 떴습니다.   (   )

❷ 얼음은 <u>온도</u>가 낮아 차갑습니다.   (   )

❸ <u>양지</u>에는 벌써 눈이 다 녹았습니다.   (   )

❹ 하얗게 빛나는 <u>설광</u>에 눈이 부십니다.   (   )

❺ 병의 <u>근본</u> 원인을 찾아 치료했습니다.   (   )

❻ 마라톤 완주에 도전해 <u>성공</u>하였습니다. (   )

❼ 구름 한 점 없는 <u>청명</u>한 가을 날씨입니다. (   )

❽ 산에서 불어오는 <u>청풍</u>에 땀이 다 식었습니다. (   )

❾ 친구의 의견에 반대하는 <u>이유</u>를 설명했습니다. (   )

❿ 깃발이 휘날리는 방향을 보면 <u>풍향</u>을 알 수 있습니다.
                              (   )

4 다음에서 소리는 같으나 뜻이 다른 漢字(한자)를 찾아 그 번호를 쓰세요.

❶ 清 : ① 溫   ② 青   ③ 風   ④ 向   (   )

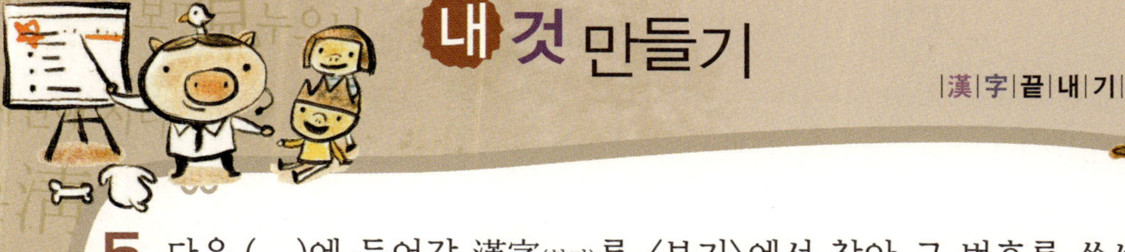

내 것 만들기

5 다음 ( )에 들어갈 漢字(한자)를 〈보기〉에서 찾아 그 번호를 쓰세요.

> **보기**
>
> ① 光　② 溫　③ 雪　④ 風　⑤ 陽　⑥ 明

❶ 電(　　　)石火　　　❷ 清(　　　)明月

❸ 天地神(　　　)

6 다음 뜻을 가진 단어를 쓰세요.

> **보기**
>
> 노인이나 약한 사람 ➡ 노약자

❶ 날씨가 깨끗하고 맑음　　　(　　　　　)

❷ 바람이 불어오는 방향　　　(　　　　　)

❸ 따뜻함과 차가움의 정도　　　(　　　　　)

7 ❶ 太

㉠ 획의 쓰는 순서를 아래에서 찾아 번호를 쓰세요. (　　　　)

① 첫 번째　　　② 두 번째
③ 세 번째　　　④ 네 번째

❷ 風

㉠ 획의 쓰는 순서를 아래에서 찾아 번호를 쓰세요. (　　　　)

① 첫 번째　　　② 두 번째
③ 세 번째　　　④ 네 번째

7급에서 배운 한자를 기억하고 있는지 확인해 주세요. 7급 한자도 확실히 알아야 6급 시험에 합격할 수 있습니다.

7급 시험에 나오는 한자들이에요. 필순에 맞게 써 보세요.

一 十 才 才 朮 朸 枯 枦 楂 植 植 植
植 植
심을 식 / 심을 식

丿 丆 牛 牛 牜 物 物 物
物 物
물건 물 / 물건 물

一 十 卄 艹 艾 花 花 花
花 花
꽃 화 / 꽃 화

一 十 卄 艹 艹 芍 苩 草 草 草
草 草
풀 초 / 풀 초

丨 冂 冂 冋 同 同
同 同
한가지 동 / 한가지 동

丿 夕 夕 夆 夆 色
色 色
빛 색 / 빛 색

一 十 才 才 朮 村 材 林
林 林
수풀 림 / 수풀 림

丿 ナ 才 有 有 有
有 有
있을 유 / 있을 유

이번 주에 배운 한자를 모두 써 보세요.

溫 따뜻할 온	溫 따뜻할 온					
度 법도 도/헤아릴 탁	度 법도 도/헤아릴 탁					
淸 맑을 청	淸 맑을 청					
明 밝을 명	明 밝을 명					
太 클 태	太 클 태					
陽 볕 양	陽 볕 양					
風 바람 풍	風 바람 풍					
向 향할 향	向 향할 향					
雪 눈 설	雪 눈 설					
光 빛 광	光 빛 광					

나무에 **실과**가 주렁주렁! **果** (실과 과)
나무를 심자! **樹** (나무 수)
땅을 비추는 빛은 **누런**색! **黃** (누를 황)
두레박으로 퍼올린 물이 **푸르다**! **綠** (푸를 록)
바다보다 더 **큰바다**! **洋** (큰바다 양)
논과 밭이 있는 **들**! **野** (들 야)
금이 되지 못하고 **은**으로 머무르다! **銀** (은 은)
언덕 밑에서 뒹구는 작은 **돌덩이**! **石** (돌 석)

🌼 일정	🌼 쪽수	🌼 학습 내용
1일차	80~84	한 자씩(果, 樹, 黃, 綠 익히기), 자신 있게(복습)
2일차	85~89	한 자씩(洋, 野, 銀, 石 익히기), 자신 있게(복습)
3일차	90~91	끝장내기(한자어 쓰기, 7주차 복습)
4일차	92~94	내것 만들기(실전 유형 문제 풀기)
5일차	95~96	기억하기(7급 한자 쓰기, 果, 樹, 黃, 綠, 洋, 野, 銀, 石 쓰기)

숨바꼭질

가위
바위
보
어? 승민이가
술래다.

나무〔樹〕에
기대서 열을 센 후
찾을 테니까 어서
숨어.
樹

꼭꼭 숨어라, 머리카락
보인다. 이제 찾는다~
어디 숨었을까?

어? 저기
은〔銀〕
빛을 내며 반짝이는
게 뭐지?
銀

민지 머리에 꽂혀
있던 핀이잖아?

만화 속에 있는 한자들을 보면서
이번 주에 배울 한자들을 미리
익힐 수 있도록 지도해 주세요.

수리중
石
뿌바작
이제 수민이만 찾으면 되는데 도대체 어디에 숨었지?
저쪽에서 돌〔石〕 밟는 소리가 들리네. 혹시 저기 숨었나?

에이~ 여기도 없잖아. 도대체 어디에 있는 거야?

어? 이 소리는 …….
에츄!!

黃
하하하! 수민이도 찾았다. 누런〔黃〕 은행잎 속에 숨어 있었구나. 모두 다 찾았어. 야호~
에
츄!!
에~취. 은행잎 속에 숨어 있었더니 계속 재채기가 나.

어? 우리 엄마다. 엄마!
안녕하세요?
그래. 여기서 뭐하고 있니?
친구들이랑 숨바꼭질 했어요. 그런데 뭐 사 오신 거예요?
洋
野
큰바다 [洋]에서 사는 물고기와 들 [野]에서 나는 곡식들을 사 왔단다.
승민이는 배가 많이 고픈가 봐~ 꼬르륵 소리가 났어.
맛있겠다.
꼬르륵
맛있는 간식을 만들어 줄 테니 다들 우리 집으로 가자꾸나.
안 그래도 배가 고팠는데 잘 됐다.
야호! 신난다.

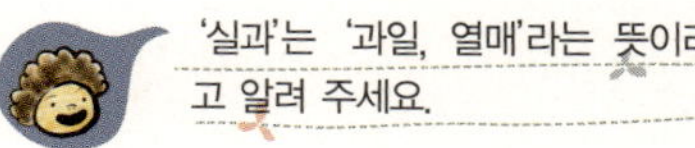

🌼 나무에 **실과**가 주렁주렁! 果(실과 과)

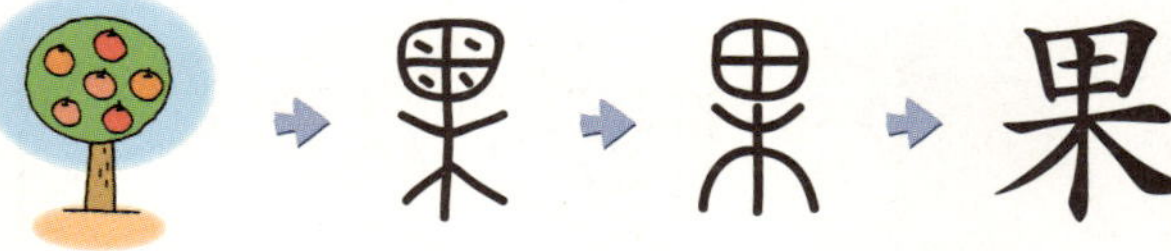

果 ▸ 果 ▸ 果

'果'는 나무에 열매가 달린 모양을 나타낸 글자로, '실과'를 뜻합니다.

* '果(실과 과)'와 음이 같은 한자에는 '科(과목 과)'가 있습니다.

필순에 따라 쓰며 확실하게 **외워 봐요**

ㅣ 冂 冂 日 므 旦 果 果 果

훈 실과 음 과

(木부, 총 8획)

果	果	果	果	果
실과 과	실과 과	실과 과	실과 과	실과 과
果	果	果	果	果
실과 과	실과 과	실과 과	실과 과	실과 과

어떻게 쓰일까?

• 나무에 실**과**가 열렸습니다.

果

* 實果(실과) : 과일

• **과**연 이번 시험에서 합격할 수 있을까?

果

* 果然(과연) : 아닌 게 아니라 정말로

🌰 한자의 알맞은 훈·음을 써 보세요.

나무를 심자! 樹 (나무 수)

木 + 壴 + 寸 ➡ 樹

'樹'는 나무(木)나 농작물(壴)을 손(寸)으로
세워 심는다는 것을 나타낸 글자로, '나무'를
뜻합니다.

* '樹(나무 수)'와 훈이 같은 한자에는 '木(나무 목)'이 있습니다.

木 木 杧 村 村 梻 樹 樹 樹 樹 樹 樹 樹

樹
훈 나무 음 수
(木부, 총 16획)

樹	樹	樹	樹	樹
나무 수	나무 수	나무 수	나무 수	나무 수
樹	樹	樹	樹	樹
나무 수	나무 수	나무 수	나무 수	나무 수

어떻게 쓰일까?

• 가족들과 수목원에 다녀왔습니다.

樹

*樹木園(수목원) : 여러 가지 나무를
기르는 곳

• 식목일에 세 종류의 과수를 심었습니다.

樹

*果樹(과수) : 과일이 열리는 나무

漢字 퀴즈

한자의 알맞은 훈과 음을 써 보세요.

🌼 땅을 비추는 빛은 **누런**색! 黃(누를 **황**)

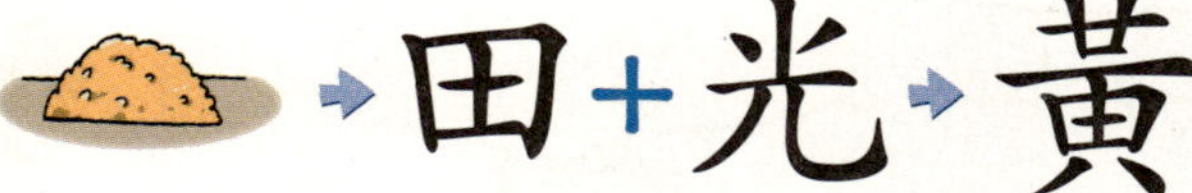

'黃'은 땅〔田〕을 비추는 빛〔光〕의 색이 누렇다는 데서 '누렇다'를 뜻합니다.

필순에 따라 쓰며 확실하게 **외워 봐요**

一 十 卄 艹 卝 芾 芾 苦 苗 苗 黃 黃

黃	黃	黃	黃	黃
누를 황	누를 황	누를 황	누를 황	누를 황
黃	黃	黃	黃	黃
누를 황	누를 황	누를 황	누를 황	누를 황

黃

훈 **누를** 음 **황**

(黃부, 총 12획)

어떻게 쓰일까?

- 비가 와서 **황**토가 흘러내립니다.

黃

*黃土(황토) : 누런 흙

- 꽃게는 **황**해 바다에서 많이 잡힙니다.

黃

*黃海(황해) : 중국 동쪽과 우리 나라 서쪽 사이에 있는 바다

漢字 퀴즈

빈 칸에 '黃'의 음을 써 넣어 그림에 알맞은 단어를 완성해 보세요.

☐ 금   ☐ 토

01 02 03 04 05

'綠'의 뜻을 쉽게 이해할 수 있도록 자원을 통해 설명해 주세요.

🌼 두레박으로 퍼올린 물이 **푸르다**! 綠(푸를 **록**)

糸 + 彔 ➡ 綠

'綠'은 두레박으로 퍼올린 물〔彔〕처럼 푸른 실〔糸〕을 나타낸 글자로, '**푸르다**'를 뜻합니다.

* 한자 성어–草綠同色(초록동색) : 같은 처지의 사람끼리 어울리는 것

필순에 따라 쓰며 확실하게 **외워 봐요**

丶 纟 纟 纟 纟 糸 糸 糸 糽 紵 綧 綧 綧 綠

훈 **푸를** 음 **록**

(糸부, 총 14획)

綠	綠	綠	綠	綠
푸를 록	푸를 록	푸를 록	푸를 록	푸를 록
綠	綠	綠	綠	綠
푸를 록	푸를 록	푸를 록	푸를 록	푸를 록

어떻게 쓰일까?

• 나는 초**록**색을 제일 좋아합니다.

綠

* 草綠(초록) : 푸른빛을 띤 녹색

• 나뭇잎이 황**록**색으로 변했습니다.

綠

* 黃綠(황록) : 누런빛을 띤 녹색

漢字 퀴즈

🐾 한자의 알맞은 음을 찾아 선으로 이어 보세요.

綠 •
黃 •
樹 •

• 황
• 수
• 록

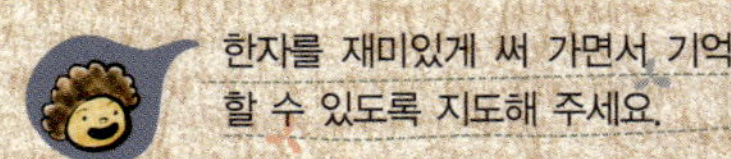

🔍 한자의 알맞은 훈·음을 빈 칸에 써 보세요.

🥬 果, 樹, 黃, 綠 다시 한번 쓱쓱!

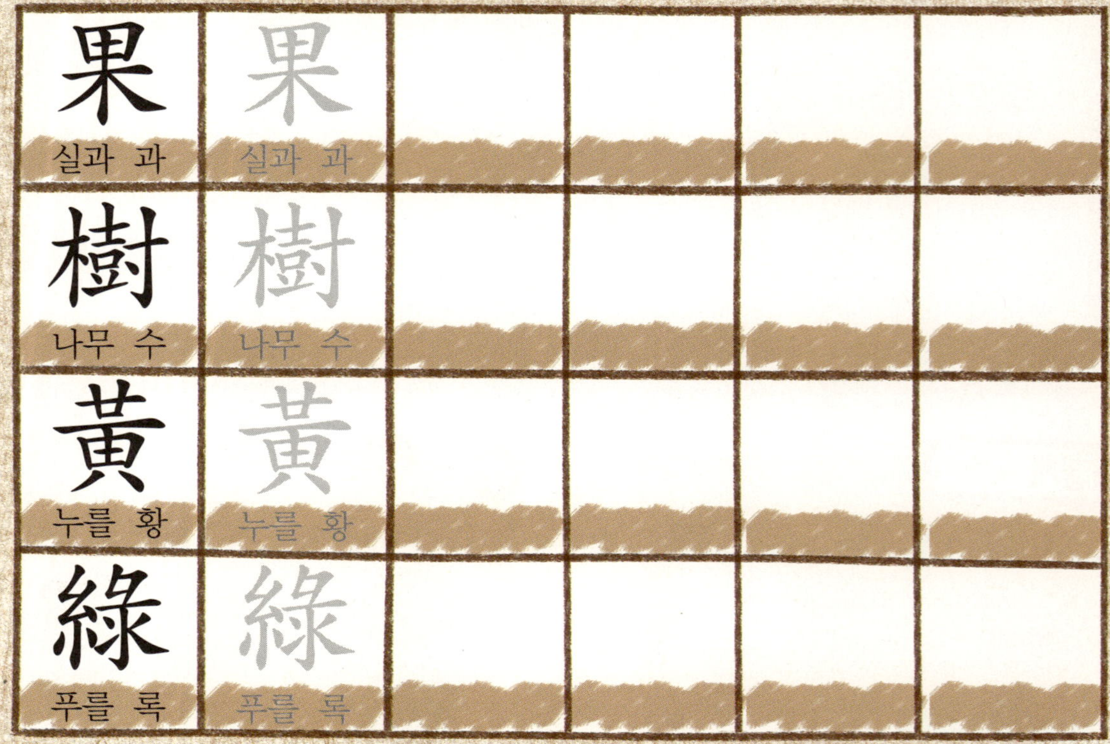

果	果				
실과 과	실과 과				
樹	樹				
나무 수	나무 수				
黃	黃				
누를 황	누를 황				
綠	綠				
푸를 록	푸를 록				

확인하기 果 실과 과 樹 나무 수 黃 누를 황 綠 푸를 록

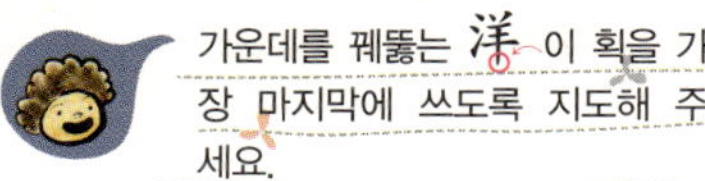

한 자씩

가운데를 꿰뚫는 洋 이 획을 가장 마지막에 쓰도록 지도해 주세요.

바다보다 더 **큰바다**! 洋(큰바다 양)

氵 + 羊 → 洋

'洋'은 물〔水=氵〕과 크다를 나타내는 '羊'이 합쳐진 글자로, 바다보다도 더 큰 물이라는 데서 '큰바다'를 뜻합니다.

* '洋(큰바다 양)'과 훈이 비슷한 한자에는 '海(바다 해)'가 있습니다.

필순에 따라 쓰며 확실하게 **외워 봐요**

丶 丷 氵 氵 氵 氵 浐 洋 洋 洋

洋
훈 큰바다　음 양
(水(氵)부, 총 9획)

洋	洋	洋	洋	洋
큰바다 양	큰바다 양	큰바다 양	큰바다 양	큰바다 양
洋	洋	洋	洋	洋
큰바다 양	큰바다 양	큰바다 양	큰바다 양	큰바다 양

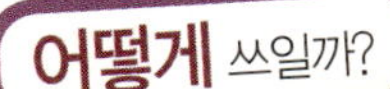

어떻게 쓰일까?

• 우리 어머니는 **양**식 요리사이십니다.

洋

* 洋食(양식) : 서양 음식

• 감기가 걸려 **양**약을 지어 먹었습니다.

洋

* 洋藥(양약) : 서양 의술로 만든 약

漢字 퀴즈

'洋'의 음을 빈 칸에 써 넣어 그림에 맞는 단어를 완성해 보세요.

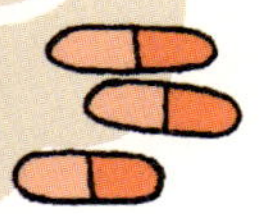

 복　　 약

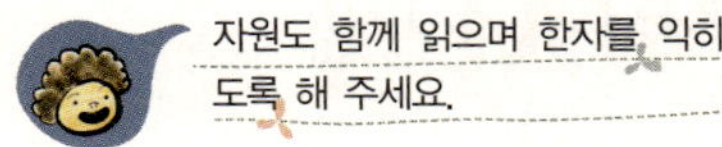
자원도 함께 읽으며 한자를 익히도록 해 주세요.

논과 밭이 있는 들! 野 (들 야)

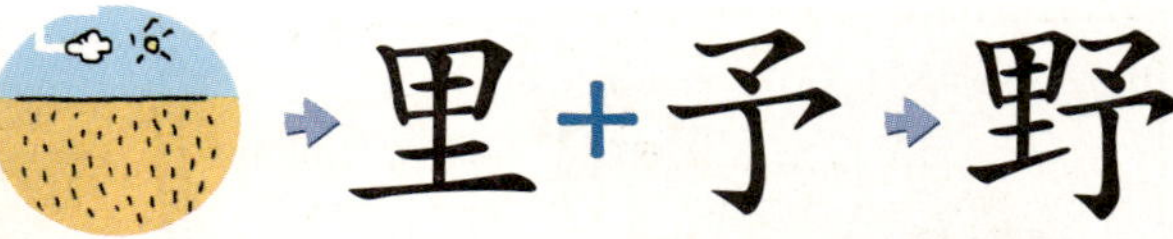
里 + 予 → 野

'野'는 마을〔里〕 사람들이 먹을 것을 심는 논과 밭이 있는 들〔予〕을 나타낸 글자로, '들'을 뜻합니다.

＊한자 성어 – 野生動物(야생동물) : 산이나 들에서 저절로 나서 자라는 동물

필순에 따라 쓰며 확실하게 **외워 봐요**

丶 冂 冂 日 旦 里 野 野 野 野 野

野	野	野	野	野
들 야	들 야	들 야	들 야	들 야
野	野	野	野	野
들 야	들 야	들 야	들 야	들 야

野
훈 들 음 야
(里부, 총 11획)

어떻게 쓰일까?

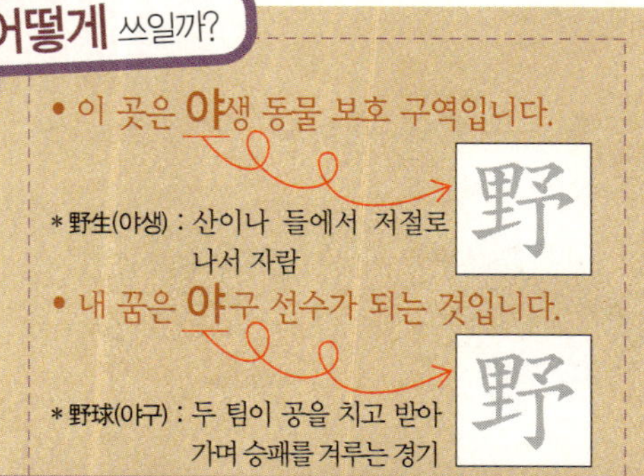

• 이 곳은 **야**생 동물 보호 구역입니다.

＊野生(야생) : 산이나 들에서 저절로 나서 자람

• 내 꿈은 **야**구 선수가 되는 것입니다.

＊野球(야구) : 두 팀이 공을 치고 받아 가며 승패를 겨루는 경기

漢字 퀴즈

한자의 알맞은 음을 찾아 선으로 이어 보세요.

洋 •

野 •

果 •

• 야

• 과

• 양

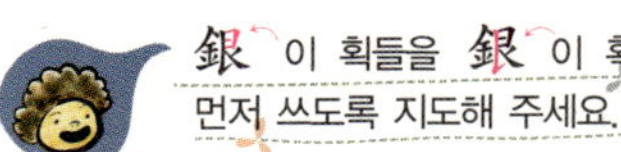

금이 되지 못하고 **은**으로 머무르다! 銀(은 은)

金 + 艮 → 銀

'銀'은 금〔金〕이 되지 못하고 은으로 머무르고 〔艮〕 있는 금속을 나타낸 글자로, '은'을 뜻합니다.

필순에 따라 쓰며 확실하게 **외워 봐요**

ノ 𠂉 𠂈 牟 余 金 金 釘 釘 釕 鈤 鈤 銀 銀

銀 銀 銀 銀 銀

은은 은은 은은 은은 은은

銀 銀 銀 銀 銀

은은 은은 은은 은은 은은

銀

훈 은 **음** 은

(金부, 총 14획)

어떻게 쓰일까?

• 오늘 **은**행에 가서 저축을 했습니다.

*銀行(은행) : 돈을 맡거나 빌려 주는 일을 하는 곳

銀

• 어젯밤에 밤하늘의 **은**하수를 보았습니다.

*銀河水(은하수) : 구름 띠 같이 보이는 별의 무리를 강에 비유한 말

銀

漢字 퀴즈

한자의 알맞은 훈과 음을 써 보세요.

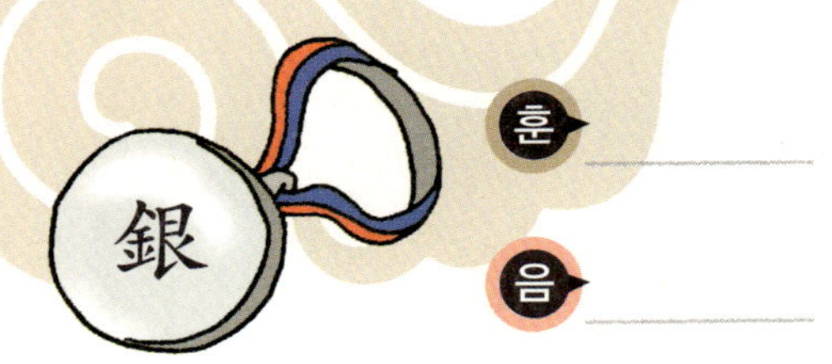

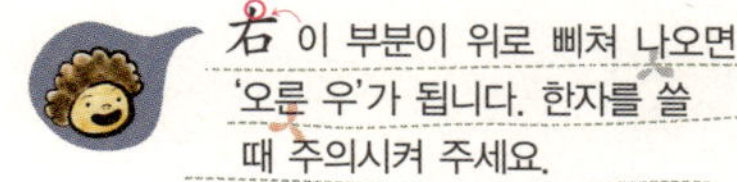

언덕 밑에서 뒹구는 작은 **돌덩이**! 石(돌 석)

'石'은 언덕〔厂〕 밑에 뒹굴고 있는 작은 돌덩이
〔口〕를 나타낸 글자로, '돌'을 뜻합니다.

필순에 따라 쓰며 확실하게 **외워 봐요**

一　厂　ア　石　石

石	石	石	石	石
돌 석	돌 석	돌 석	돌 석	돌 석
石	石	石	石	石
돌 석	돌 석	돌 석	돌 석	돌 석

훈 **돌**　음 **석**

(石부, 총 5획)

어떻게 쓰일까?

- 사람들이 **석**유 난로를 쬐고 있습니다.

＊石油(석유) : 땅 속에서 천연으로 나
는 불에 잘 타는 기름

- **석**공이 연장으로 돌을 다듬고 있습니다.

＊石工(석공) : 돌을 깍아 물건을 만드
는 사람

漢字 퀴즈

'돌'의 훈을 가진 한자를 찾아 ○해 보세요.

한자와 훈·음을 선으로 이어가며 익힌 한자를 확인할 수 있도록 지도해 주세요.

한자의 알맞은 훈·음을 찾아 선으로 이어 보세요.

洋, 野, 銀, 石 다시 한번 쓱쓱!

洋	洋				
큰바다 양	큰바다 양				
野	野				
들 야	들 야				
銀	銀				
은 은	은 은				
石	石				
돌 석	돌 석				

끝장내기

🥬 한자어를 읽으면서 써 보세요.

독음만 보고도 한자를 쓸 수 있도록 지도해 주세요.

果樹(과수) : 과일이 열리는 나무

果樹	果樹	果樹		
과 수	과 수	과 수		

黃綠(황록) : 누런빛을 띤 녹색

黃綠	黃綠	黃綠		
황 록	황 록	황 록		

草綠(초록) : 푸른빛을 띤 녹색

草綠	草綠	草綠		
초 록	초 록	초 록		

洋食(양식) : 서양 음식

洋食	洋食	洋食		
양 식	양 식	양 식		

野生(야생) : 산이나 들에서 저절로 나서 자람

野生	野生	野生		
야 생	야 생	야 생		

銀行(은행) : 돈을 맡거나 빌려 주는 일을 하는 곳

銀行	銀行	銀行		
은 행	은 행	은 행		

石工(석공) : 돌을 깎아 물건을 만드는 사람

石工	石工	石工		
석 공	석 공	석 공		

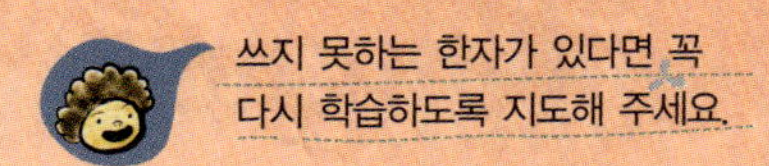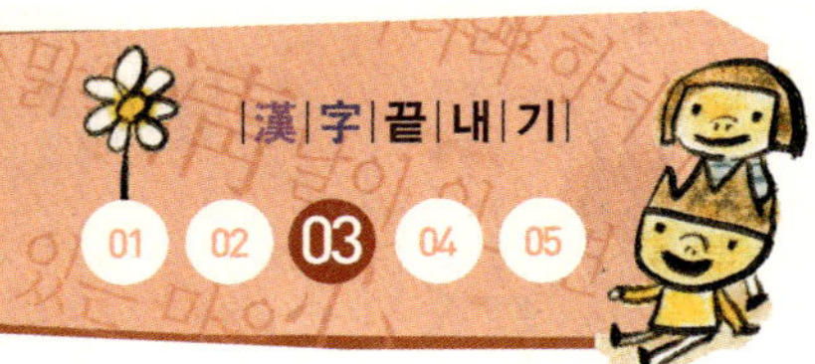

쓰지 못하는 한자가 있다면 꼭
다시 학습하도록 지도해 주세요.

 **7**주차 되새김   7주차에서 배운 한자를 모두 기억하고 있나요?
문제를 풀며 확인해 보세요.

훈·음에 알맞은 한자를 〈보기〉에서 찾아 빈 칸에 써 보세요.

보기

溫 度 淸 明 太 陽 風 向 雪 光

빛 **광**

따뜻할 **온**

법도 **도** /
헤아릴 **탁**

클 **태**

바람 **풍**

밝을 **명**

맑을 **청**

볕 **양**

향할 **향**

눈 **설**

 내 것만들기

배운 한자들을 시험 유형에 맞게 적용한 것입니다. 아이들이 당황하지 않고 풀 수 있도록 지도해 주세요.

1 다음 漢字(한자)의 訓(훈)과 音(음)을 쓰세요.

보기

字 ➡ 글자 자

❶ 銀 (　　　　　)　　❷ 樹 (　　　　　)

❸ 果 (　　　　　)　　❹ 野 (　　　　　)

❺ 洋 (　　　　　)　　❻ 綠 (　　　　　)

❼ 黃 (　　　　　)　　❽ 石 (　　　　　)

＊모양이 비슷한 한자 '果(실과 과)'와 '里(마을 리)' : 田(밭 전) 아래에 木(나무 목)이 있으면 '果(실과 과)', 土(흙 토)가 있으면 '里(마을 리)'.

2 다음 漢字語(한자어)의 讀音(독음)을 쓰세요.

보기

漢字 ➡ 한자

❶ 果樹 (　　　　　)　　❷ 黃綠 (　　　　　)

❸ 草綠 (　　　　　)　　❹ 洋食 (　　　　　)

❺ 野生 (　　　　　)　　❻ 銀行 (　　　　　)

❼ 石工 (　　　　　)　　❽ 溫度 (　　　　　)

❾ 清明 (　　　　　)　　❿ 太陽 (　　　　　)

⓫ 風向 (　　　　　)　　⓬ 雪光 (　　　　　)

＊'바다'를 뜻하는 한자에는 '海(바다 해)'와 '洋(큰바다 양)'이 있습니다. 두 한자가 합쳐져 '넓은 바다'를 뜻하는 '海洋(해양)'이란 한자어가 됩니다.

3 다음 밑줄 친 漢字語(한자어)를 漢字(한자)로 쓰세요.

> 보기
>
> ### 한자 ▶ 漢字

❶ 여름에는 <u>태양</u>이 뜨겁습니다.　　　　　　(　　　　　)

❷ <u>초록</u>색으로 원을 칠했습니다.　　　　　　(　　　　　)

❸ 가을 하늘은 높고 <u>청명</u>합니다.　　　　　　(　　　　　)

❹ 현재 실내 <u>온도</u>는 19도입니다.　　　　　　(　　　　　)

❺ 이 곳은 <u>야생</u> 동물 보호 구역입니다.　　　(　　　　　)

❻ 우리 집 대문을 <u>황록</u>색으로 칠했습니다.　　(　　　　　)

❼ 식목일에 세 종류의 <u>과수</u>를 심었습니다.　　(　　　　　)

❽ 저금통에 있던 돈을 <u>은행</u>에 저축했습니다.　(　　　　　)

❾ <u>석공</u>이 돌을 다듬어 비석을 만들고 있습니다.　(　　　　　)

❿ <u>양식</u>을 먹을 때는 포크와 나이프를 사용합니다.　(　　　　　)

4 다음 (　　)에 들어갈 漢字(한자)를 〈보기〉에서 찾아 그 번호를 쓰세요.

> 보기
>
> ① 果　② 黃　③ 野　④ 銀　⑤ 樹　⑥ 綠

❶ (　　　)生動物　　　❷ 草(　　　)同色

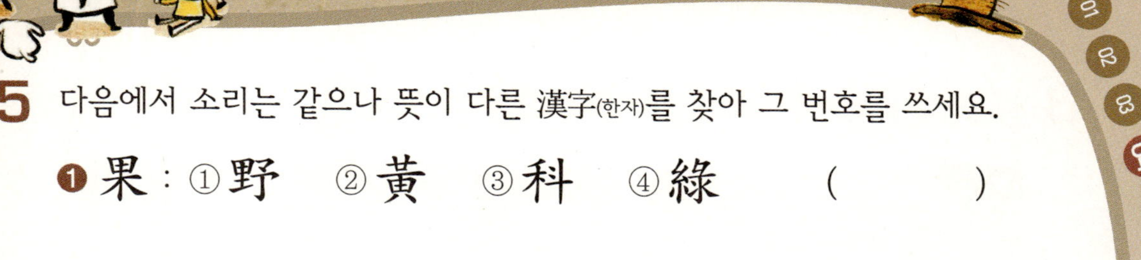

5 다음에서 소리는 같으나 뜻이 다른 漢字(한자)를 찾아 그 번호를 쓰세요.

❶ 果 : ① 野　　② 黃　　③ 科　　④ 綠　　（　　　　）

6 다음 漢字(한자)와 뜻이 비슷한 漢字(한자)를 찾아 그 번호를 쓰세요.

❶ 樹 : ① 洋　　② 銀　　③ 石　　④ 木　　（　　　　）

❷ 洋 : ① 野　　② 海　　③ 科　　④ 綠　　（　　　　）

7 다음 뜻을 가진 단어를 쓰세요.

> 보기
>
> 노인이나 약한 사람 ➡ 노약자

❶ 누런빛을 띤 녹색　　（　　　　　　）

❷ 과일이 열리는 나무　（　　　　　）

8 ❶ 黃 ㉠

㉠ 획의 쓰는 순서를 아래에서 찾아 번호를 쓰세요. （　　　　）

① 첫 번째　　　　② 두 번째
③ 세 번째　　　　④ 네 번째

❷ 銀 ㉠

㉠ 획의 쓰는 순서를 아래에서 찾아 번호를 쓰세요. （　　　　）

① 아홉 번째　　　② 열 번째
③ 열한 번째　　　④ 열두 번째

7급에서 배운 한자들을 기억하고 있는지 확인해 주세요.

7급 시험에 나오는 한자들이에요. 필순에 맞게 써 보세요.

自	自					
스스로 자	스스로 자					
然	然					
그럴 연	그럴 연					
天	天					
하늘 천	하늘 천					
地	地					
땅 지	땅 지					
空	空					
빌 공	빌 공					
氣	氣					
기운 기	기운 기					
川	川					
내 천	내 천					
江	江					
강 강	강 강					
海	海					
바다 해	바다 해					
世	世					
인간/세상 세	인간/세상 세					

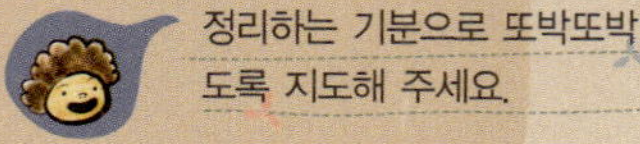
정리하는 기분으로 또박또박 쓰도록 지도해 주세요.

이번 주에 배운 한자를 모두 써 보세요.

| 果 | 果 | | | | | | |
| 실과 과 | 실과 과 | | | | | | |

| 樹 | 樹 | | | | | | |
| 나무 수 | 나무 수 | | | | | | |

| 黃 | 黃 | | | | | | |
| 누를 황 | 누를 황 | | | | | | |

| 綠 | 綠 | | | | | | |
| 푸를 록 | 푸를 록 | | | | | | |

| 洋 | 洋 | | | | | | |
| 큰바다 양 | 큰바다 양 | | | | | | |

| 野 | 野 | | | | | | |
| 들 야 | 들 야 | | | | | | |

| 銀 | 銀 | | | | | | |
| 은 은 | 은 은 | | | | | | |

| 石 | 石 | | | | | | |
| 돌 석 | 돌 석 | | | | | | |

6급 5주

8p 漢字 퀴즈

'이기다'라는 훈에 알맞은 한자를 찾아 ○해 보세요.

9p 漢字 퀴즈

한자의 알맞은 훈·음을 써 보세요.

10p 漢字 퀴즈
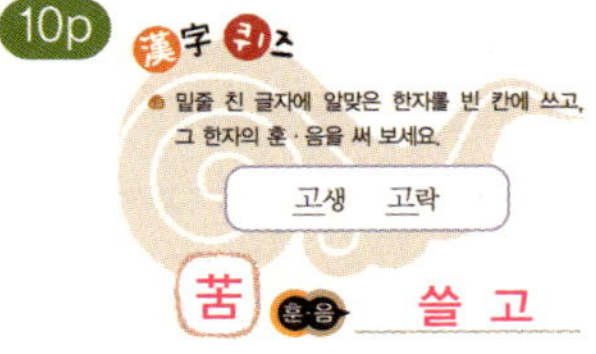
밑줄 친 글자에 알맞은 한자를 빈 칸에 쓰고, 그 한자의 훈·음을 써 보세요.

11p 漢字 퀴즈
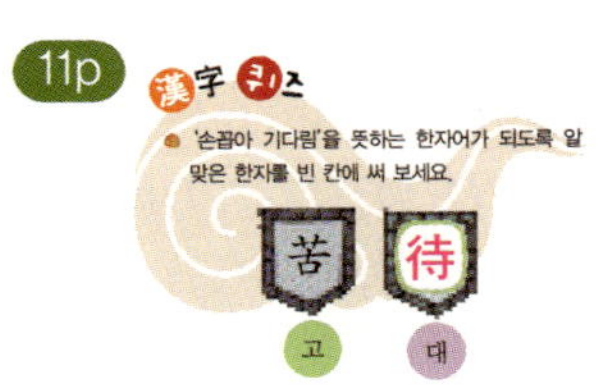
'손꼽아 기다림'을 뜻하는 한자어가 되도록 알맞은 한자를 빈 칸에 써 보세요.

12p 漢字 퀴즈

한자의 알맞은 훈·음을 써 보세요.

13p

14p 漢字 퀴즈

밑줄 친 단어가 훈인 한자를 찾아 ○해 보세요.

15p 漢字 퀴즈
훈·음에 알맞은 한자를 찾아 ○해 보세요.

16p 漢字 퀴즈
밑줄 친 글자에 알맞은 한자를 빈 칸에 써 보세요.

21p

17p 漢字 퀴즈
밑줄 친 단어가 훈인 한자를 찾아 ○하고, 그 한자의 훈·음을 써 보세요.

18p 漢字 퀴즈
한자의 알맞은 음을 찾아 선으로 이어 보세요.

19p
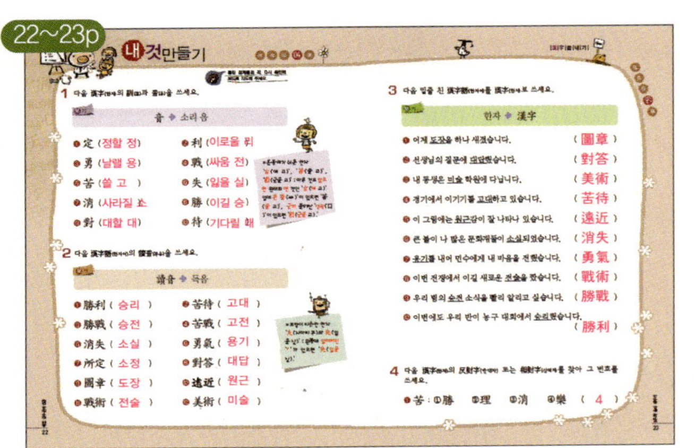

22~23p 내 것만들기

24p 내 것 만들기
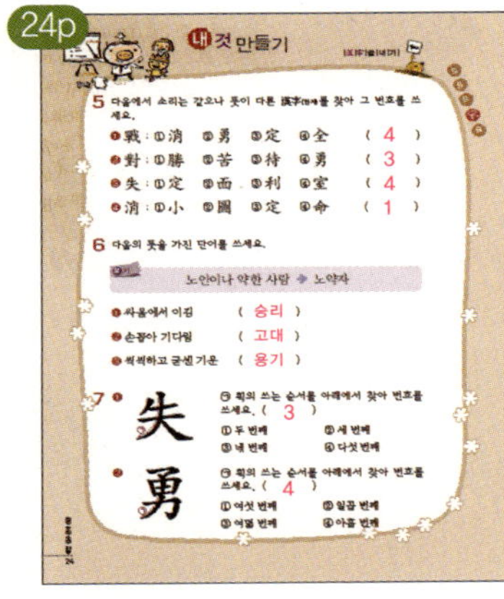

6급 6주

32p 漢字 퀴즈
한자의 알맞은 훈·음을 빈 칸에 써 보세요.

成 → 이룰 성

33p 漢字 퀴즈
한자어의 독음을 빈 칸에 써 보세요.
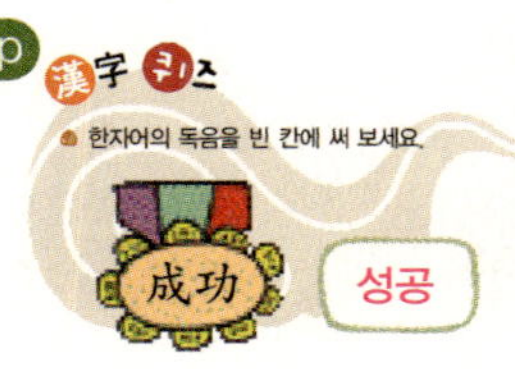
成功 → 성공

34p 漢字 퀴즈
훈·음에 알맞은 한자를 빈 칸에 써 보세요.

특별할 특 → 特

35p 漢字 퀴즈
'別'의 훈에 알맞은 그림을 찾아 ○하고, 훈·음을 써 보세요.
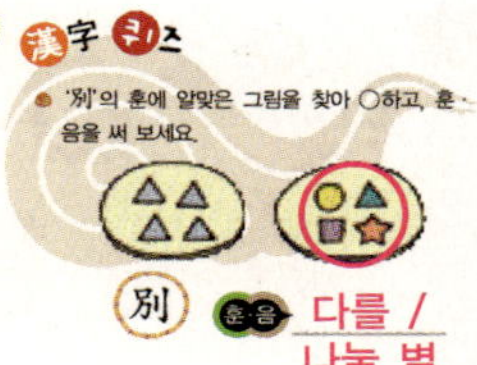
別 훈음 → 다를 / 나눌 별

36p 漢字 퀴즈
한자의 알맞은 음을 찾아 선으로 이어 보세요.
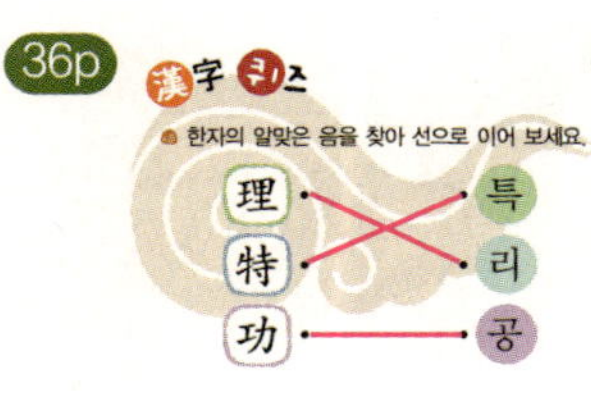
理 — 리
特 — 특
功 — 공

37p
실로폰 안에 있는 한자의 알맞은 음을 빈 칸에 써 보세요.
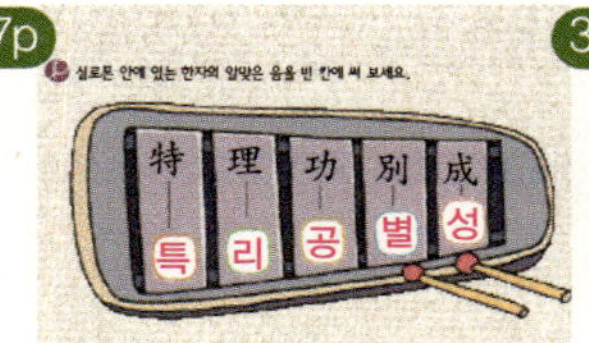
特 理 功 別 成
특 리 공 별 성

38p 漢字 퀴즈
한자의 알맞은 음을 찾아 ○해 보세요.

由 → 유
전 공 유

39p 漢字 퀴즈
한자의 알맞은 훈·음을 써 보세요.

根 훈음 → 뿌리 근

40p 漢字 퀴즈
밑줄 친 글자에 알맞은 한자를 빈 칸에 써 보세요.

本
근본, 본부

41p 漢字 퀴즈
한자의 알맞은 훈과 음을 찾아 ○해 보세요.

發 → 피다, 발

42p 漢字 퀴즈
'새롭다'라는 훈을 가진 한자를 찾아 ○하고, 그 한자의 음을 빈 칸에 써 보세요.
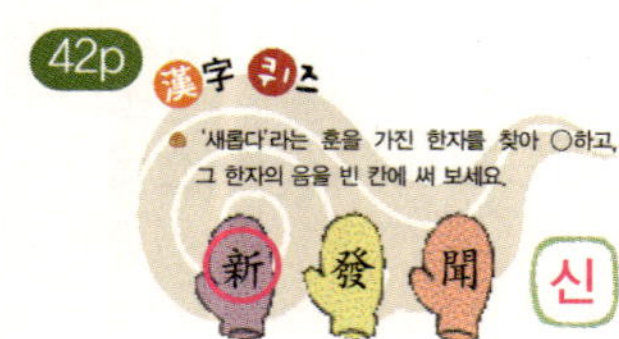
新 發 聞 → 신

43p
한자의 알맞은 훈·음을 찾아 선으로 이어 보세요.
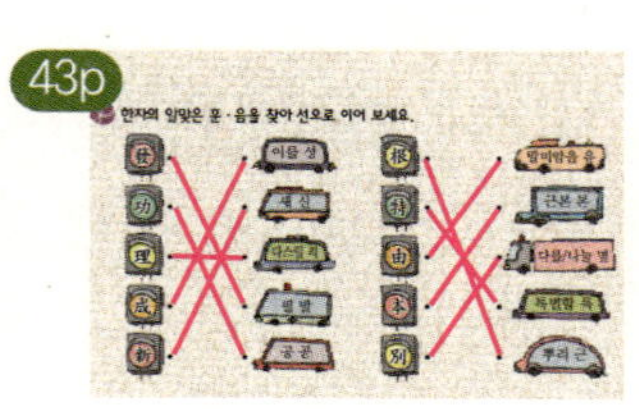

45p
5주차에서 배운 한자를 모두 기억하고 있나요? 문제를 풀어 확인해 보세요.

한자의 알맞은 훈과 음을 찾아 선으로 이어 보세요.
한자의 알맞은 훈·음을 빈 칸에 써 보세요.
利 → 이로울 리
消 → 사라질 소
戰 → 싸움 전
待 → 기다릴 대
定 → 정할 정

46~47p 내 것 만들기
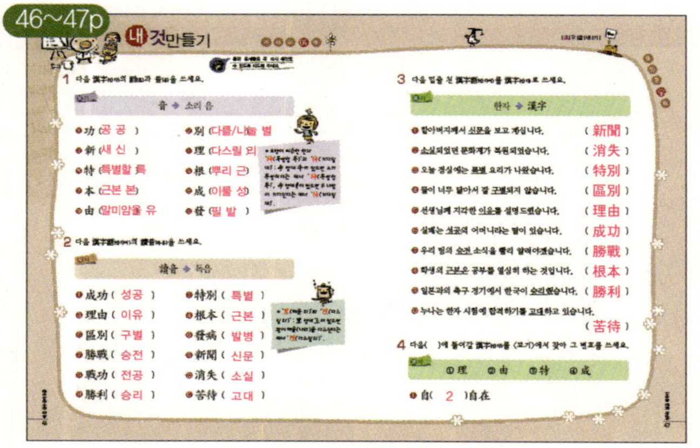

1. 다음 漢字의 訓音과 音을 쓰세요.
훈 → 소리 음
- 功 (공 공)
- 別 (다를/나눌 별)
- 新 (새 신)
- 理 (다스릴 리)
- 特 (특별할 특)
- 根 (뿌리 근)
- 本 (근본 본)
- 成 (이룰 성)
- 由 (말미암을 유)
- 發 (필 발)

2. 다음 漢字語의 讀音을 쓰세요.
讀音 → 독음
- 成功 (성공)
- 特別 (특별)
- 理由 (이유)
- 根本 (근본)
- 區別 (구별)
- 發病 (발병)
- 勝戰 (승전)
- 新聞 (신문)
- 戰功 (전공)
- 消失 (소실)
- 勝利 (승리)
- 苦待 (고대)

3. 다음 밑줄 친 漢字語를 漢字로 쓰세요.
한자 → 漢字
- 할아버지께서 신문을 보고 계십니다. (新聞)
- 소실되었던 문화재가 복원되었습니다. (消失)
- 오늘 정상에는 특별 요리가 나왔습니다. (特別)
- 말이 너무 많아서 잘 구별되지 않습니다. (區別)
- 선생님께 저희의 이유를 설명드렸습니다. (理由)
- 실패는 성공의 어머니라는 말이 있습니다. (成功)
- 우리 밤의 승전 소식을 빨리 알려야겠습니다. (勝戰)
- 학생의 근본은 공부를 열심히 하는 것입니다. (根本)
- 일본과의 축구 경기에서 한국이 승리하였습니다. (勝利)
- 누나는 한자 시험에 합격하기를 고대하고 있습니다. (苦待)

4. 다음 ( )에 들어갈 漢字를 〈보기〉에서 찾아 그 번호를 쓰세요.
理 由 特 成
- 自(2)自在

48p 내 것 만들기
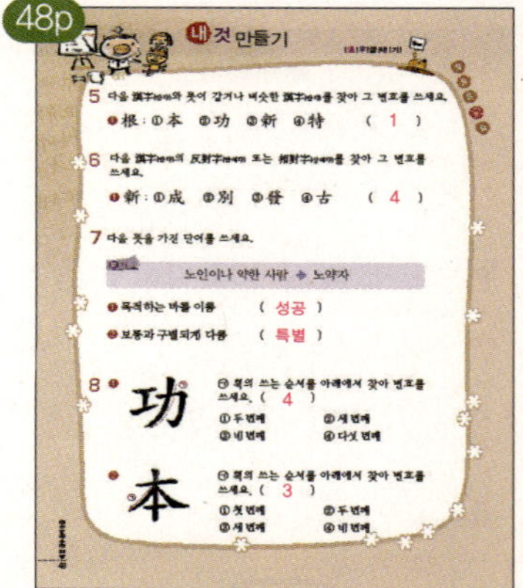

5. 다음 漢字와 뜻이 같거나 비슷한 漢字를 찾아 그 번호를 쓰세요.
根 ①本 ②功 ③新 ④特 (1)

6. 다음 漢字와 反對字 또는 相對字를 찾아 그 번호를 쓰세요.
新 ①成 ②別 ③發 ④古 (4)

7. 다음 뜻을 가진 單語를 쓰세요.
노인이나 약한 사람 → 노약자
- 목적하는 바를 이룸 (성공)
- 보통과 구별되게 다름 (특별)

8. 功 획의 쓰는 순서를 아래에서 찾아 번호를 쓰세요. (4)
①두번째 ②세번째 ③빈번째 ④다섯번째
本 획의 쓰는 순서를 아래에서 찾아 번호를 쓰세요. (3)
①첫번째 ②두번째 ③세번째 ④빈번째

56p 漢字 퀴즈
한자의 알맞은 훈과 음을 찾아 ○해 보세요.

57p 漢字 퀴즈
한자의 알맞은 훈 또는 음을 빈 칸에 써 보세요.

58p 漢字 퀴즈
한자의 알맞은 훈·음을 써 보세요.

59p 漢字 퀴즈
한자의 알맞은 음을 찾아 선으로 이어 보세요.

60p 漢字 퀴즈
훈·음에 알맞은 한자를 빈 칸에 써 보세요.

61p 한자의 알맞은 훈·음을 빈 칸에 써 보세요.

62p 漢字 퀴즈
한자의 훈과 음을 써 보세요.

63p 漢字 퀴즈
한자의 알맞은 훈과 음을 찾아 ○해 보세요.

64p 漢字 퀴즈
한자의 알맞은 훈과 음을 써 보세요.

69p
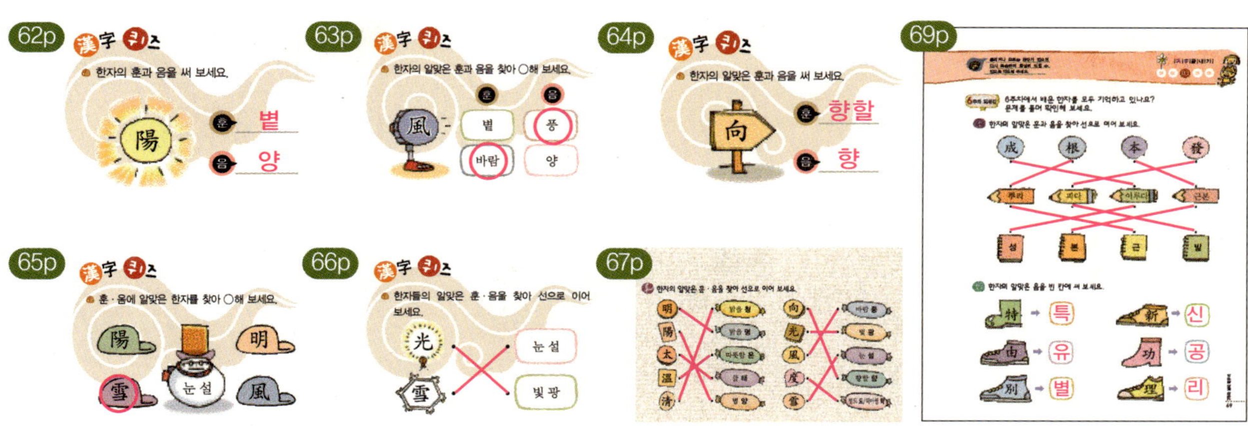

65p 漢字 퀴즈
훈·음에 알맞은 한자를 찾아 ○해 보세요.

66p 漢字 퀴즈
한자들의 알맞은 훈·음을 찾아 선으로 이어 보세요.

67p

70~71p 내 것 만들기

72p 내 것 만들기

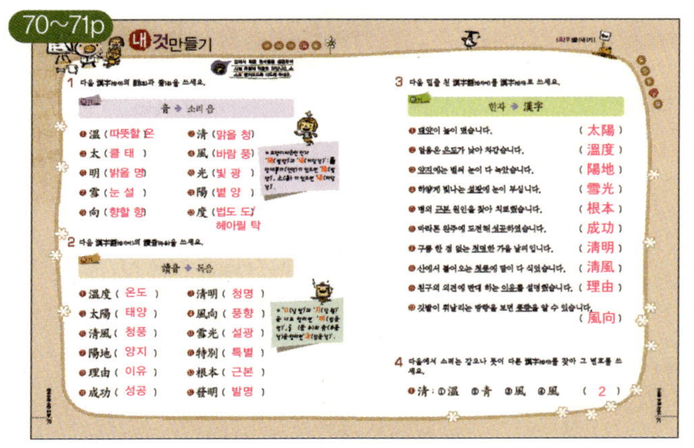

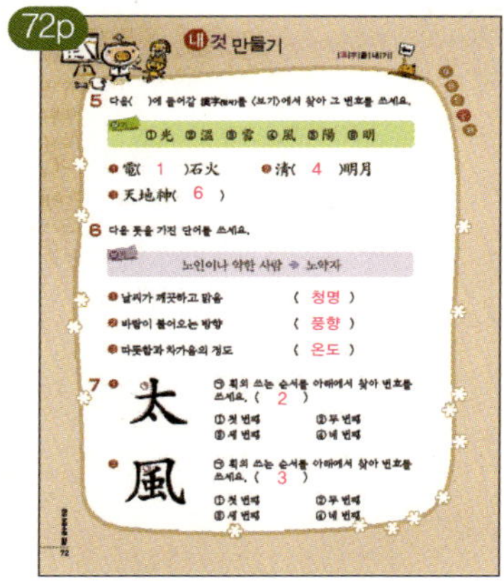

6급 8주

80p 漢字 퀴즈
한자의 알맞은 훈·음을 써 보세요.
果 훈음 실과 과

81p 漢字 퀴즈
한자의 알맞은 훈과 음을 써 보세요.
樹 훈 나무 음 수

82p 漢字 퀴즈
빈 칸에 黃의 음을 써 넣어 그림에 알맞은 단어를 완성해 보세요.
황 금 황 토

83p 漢字 퀴즈
한자의 알맞은 음을 찾아 선으로 이어 보세요.
綠 黃 樹 → 황 수 록

84p 한자의 알맞은 훈·음을 빈 칸에 써 보세요.
果 → 실과과   黃 → 누를황
樹 → 나무수   綠 → 푸를록

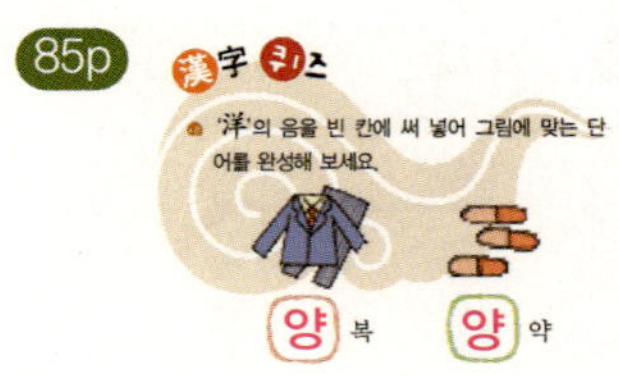

85p 漢字 퀴즈
洋의 음을 빈 칸에 써 넣어 그림에 맞는 단어를 완성해 보세요.
양 복 양 약

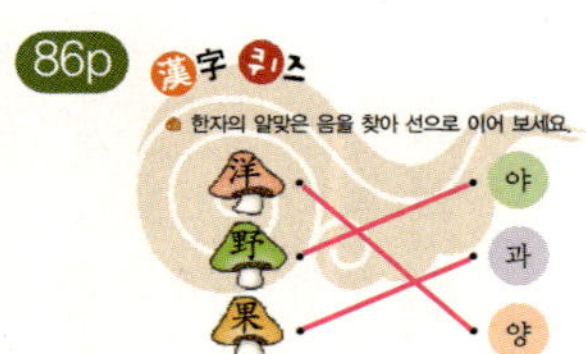

86p 漢字 퀴즈
한자의 알맞은 음을 찾아 선으로 이어 보세요.
洋 野 果 → 야 과 양

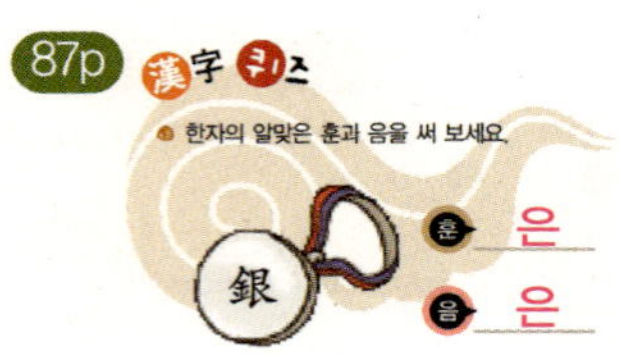

87p 漢字 퀴즈
한자의 알맞은 훈과 음을 써 보세요.
銀 훈 은 음 은

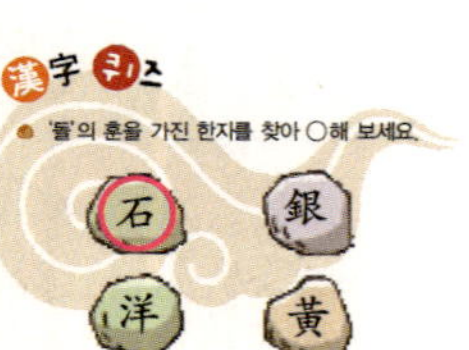

88p 漢字 퀴즈
'돌'의 훈을 가진 한자를 찾아 ○해 보세요.
石 銀 洋 黃

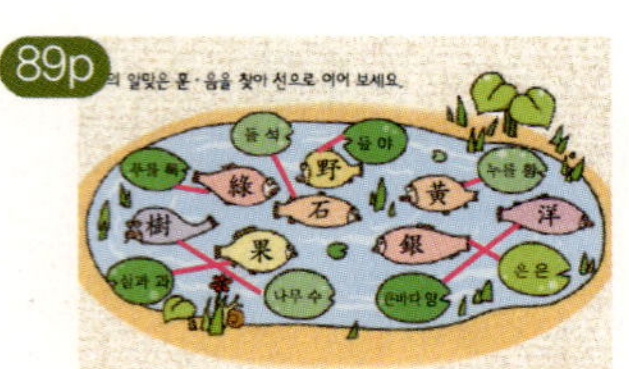

89p 의 알맞은 훈·음을 찾아 선으로 이어 보세요.

91p

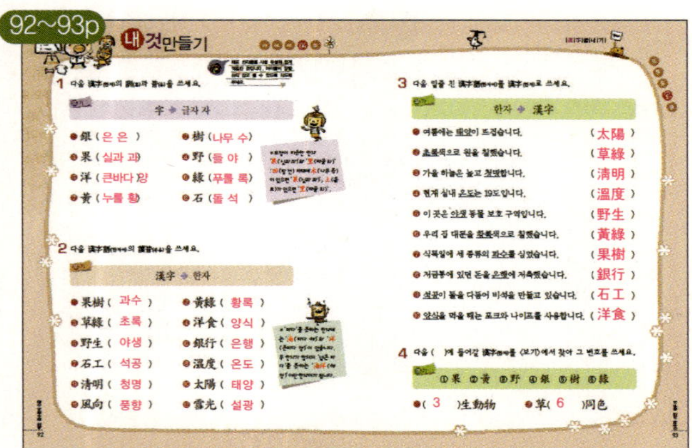

92~93p 내 것만들기

1. 다음 漢字의 訓과 音을 쓰세요.
字 → 글자 자
● 銀 (은 은)   ● 樹 (나무 수)
● 果 (실과 과)   ● 野 (들 야)
● 洋 (큰바다 양)   ● 綠 (푸를 록)
● 黃 (누를 황)   ● 石 (돌 석)

2. 다음 漢字語의 讀音(소리)을 쓰세요.
漢字 → 한자
● 果樹 (과수)   ● 黃綠 (황록)
● 草綠 (초록)   ● 洋食 (양식)
● 野生 (야생)   ● 銀行 (은행)
● 石工 (석공)   ● 溫度 (온도)
● 淸明 (청명)   ● 太陽 (태양)
● 風向 (풍향)   ● 雪光 (설광)

3. 다음 밑줄 친 漢字語를 漢字로 쓰세요.
한자 → 漢字
● 어름에는 太陽이 뜨겁습니다.   (太陽)
● 草綠色으로 원을 칠했습니다.   (草綠)
● 가을 하늘은 높고 淸明합니다.   (淸明)
● 현재 실내 온도는 19도입니다.   (溫度)
● 이 곳은 야생 동물 보호 구역입니다.   (野生)
● 우리 집 대문을 黃綠색으로 칠했습니다.   (黃綠)
● 식목일에 세 종류의 果樹를 심었습니다.   (果樹)
● 저금통에 돈이 銀行으로 저축했습니다.   (銀行)
● 石工이 돌을 다듬어 비석을 만들고 있습니다.   (石工)
● 양식을 먹을 때는 포크와 나이프를 사용합니다.   (洋食)

4. 다음 ( )에 들어갈 漢字語를 〈보기〉에서 찾아 그 번호를 쓰세요.
①果 ②黃 ③野 ④樹 ⑤綠
● (3)生動物   ● 草(6)同色

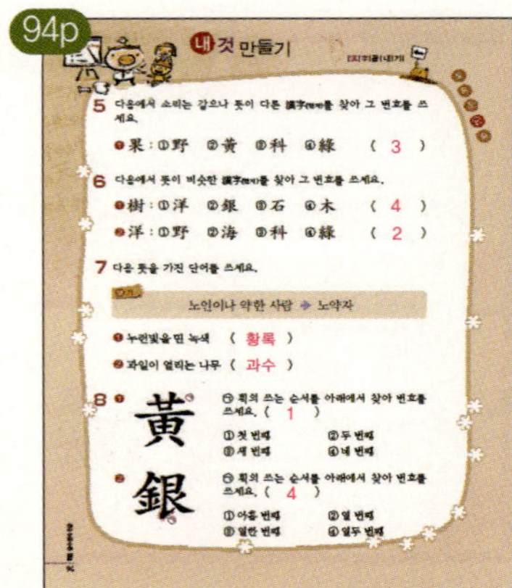

94p 내 것 만들기

5. 다음에서 소리는 같으나 뜻이 다른 漢字어를 찾아 그 번호를 쓰세요.
● 果: ①野 ②黃 ③科 ④綠   (3)

6. 다음에서 뜻이 비슷한 漢字어를 찾아 그 번호를 쓰세요.
● 樹: ①洋 ②銀 ③石 ④木   (4)
● 洋: ①野 ②海 ③科 ④綠   (2)

7. 다음 뜻을 가진 단어를 쓰세요.
● 노인이나 약한 사람 → 노약자
● 누런빛을 띤 녹색   (황록)
● 과실이 열리는 나무   (과수)

8. 黃
● 획의 쓰는 순서를 아래에서 찾아 번호를 쓰세요.   (1)
① 첫 번째 ② 두 번째 ③ 세 번째 ④ 네 번째

銀
● 획의 쓰는 순서를 아래에서 찾아 번호를 쓰세요.   (4)
① 여덟 번째 ② 열 번째 ③ 아홉 번째 ④ 열한 번째 ⑤ 열두 번째

家 집 가	家族 가족	道 길 도	道路 도로
室 집 실	室內 실내	路 길 로	路上 노상
計 셀 계	計算 계산	圖 그림 도	圖書 도서
算 셈할 산	算數 산수	畫 그림 화	畫家 화가
共 한가지 공	共同 공동	里 마을 리	洞里 동리
同 한가지 동	同感 동감	村 마을 촌	農村 농촌
公 공평할 공	公平 공평	文 글월 문	文書 문서
平 평평할 평	平行 평행	書 글 서	書信 서신
光 빛 광	光明 광명	文 글월 문	文字 문자
明 밝을 명	明月 명월	字 글자 자	漢字 한자
敎 가르칠 교	敎訓 교훈	文 글월 문	文章 문장
訓 가르칠 훈	訓計 훈계	章 글 장	圖章 도장
區 구분할 구	區別 구별	方 모/방향 방	方向 방향
別 나눌 별	別堂 별당	向 향할 향	南向 남향
郡 고을 군	郡邑 군읍	分 나눌 분	分別 분별
邑 고을 읍	邑內 읍내	別 나눌 별	區別 구별
根 뿌리 근	根本 근본	樹 나무 수	樹木 수목
本 근본 본	本然 본연	木 나무 목	植木 식목

事業	일 사 / 업 업	事業 사업 / 家業 가업	正直	바를 정 / 곧을 직	正直 정직 / 直角 직각
身體	몸 신 / 몸 체	身體 신체 / 體育 체육	集合	모을 집 / 합할 합	集合 집합 / 合班 합반
室堂	집 실 / 집 당	室內 실내 / 正堂 정당	青綠	푸를 청 / 푸를 록	青綠 청록 / 綠地 녹지
言語	말씀 언 / 말씀 어	言語 언어 / 國語 국어	出生	날 출 / 날 생	出生 출생 / 生活 생활
永遠	길 영 / 멀 원	永遠 영원 / 遠近 원근	土地	흙 토 / 땅 지	土地 토지 / 地理 지리
午晝	낮 오 / 낮 주	午前 오전 / 晝夜 주야	便安	편할 편 / 편안 안	便安 편안 / 安全 안전
運動	옮길 운 / 움직일 동	運動 운동 / 動作 동작	學習	배울 학 / 익힐 습	學習 학습 / 習作 습작
衣服	옷 의 / 옷 복	衣服 의복 / 校服 교복	海洋	바다 해 / 큰바다 양	海洋 해양 / 西洋 서양
才術	재주 재 / 재주 술	英才 영재 / 美術 미술	行動	다닐 행 / 움직일 동	行動 행동 / 動向 동향

동음이의어 음은 같고 뜻이 다른 한자

가	歌 노래 / 家 집	歌手 가수 · 校歌 교가 / 家族 가족 · 家庭 가정
각	各 각각 / 角 뿔	各自 각자 · 各各 각각 / 直角 직각 · 角度 각도
고	古 예 / 苦 쓸 / 高 높을	古今 고금 · 昨今 작금 / 苦行 고행 · 苦生 고생 / 高速 고속 · 高級 고급
공	空 빌 / 公 공평할 / 工 장인 / 共 한가지	空間 공간 · 空氣 공기 / 公用 공용 · 公開 공개 / 工事 공사 · 工業 공업 / 共同 공동 · 共感 공감
과	科 과목 / 果 실과	科目 과목 · 理科 이과 / 果樹 과수 · 果然 과연
구	球 공 / 九 아홉	野球 야구 · 球形 구형 / 九日 구일 · 九年 구년
근	根 뿌리 / 近 가까울	根本 근본 · 病根 병근 / 遠近 원근 · 近來 근래
금	金 쇠 / 今 이제	金氏 김씨 · 黃金 황금 / 今日 금일 · 今年 금년
급	級 등급 / 急 급할	級數 급수 · 等級 등급 / 急行 급행 · 急所 급소
미	米 쌀 / 美 아름다울	白米 백미 · 米飮 미음 / 美人 미인 · 美食 미식
반	半 반 / 班 나눌 / 反 돌이킬	半年 반년 · 半白 반백 / 合班 합반 · 分班 분반 / 反感 반감 · 反省 반성

부	父 아비 夫 지아비 部 거느릴	父母 부모 父子 부자	의	衣 옷 意 뜻 醫 의원	衣服 의복 上衣 상의
		夫人 부인 工夫 공부			意思 의사 意外 의외
		部分 부분 部下 부하			醫藥 의약 醫術 의술

사	四 넉 事 일 社 모일 死 죽을	四方 사방 四面 사면	재	才 재주 在 있을	英才 영재 才人 재인
		事業 사업 事物 사물			在野 재야 現在 현재
		會社 회사 社交 사교	전	前 앞 全 온전 戰 싸움	前後 전후 前面 전면
		死生 사생 死力 사력			全力 전력 全部 전부

소	小 작을 所 바/곳 消 사라질	小數 소수 小學 소학			勝戰 승전 戰線 전선
		所有 소유 便所 변소	주	晝 낮 主 주인	晝夜 주야 白晝 백주
		消失 소실 消火 소화			主人 주인 主體 주체

식	食 먹을 植 심을	食堂 식당 生食 생식	화	花 꽃 火 불 話 말씀 和 화할	花草 화초 開花 개화
		植木 식목 植物 식물			火具 화구 火力 화력
유	油 기름 有 있을	注油 주유 油畫 유화			電話 전화 會話 회화
		有能 유능 有利 유리			平和 평화 不和 불화

👊 한자의 훈과 음을 큰 소리로 읽으며 필순에 맞게 써 보세요.

勝 이길 **승** (力부, 총 12획)					

利 이로울 **리** (刀(刂)부, 총 7획)					

📎 **잠깐 확인** 한자의 훈·음을 빈 칸에 쓰고 한자어를 읽어 보세요.

勝		勝算(승산) 勝利(승리)
利		便利(편리) 利用(이용)

한자의 훈과 음을 큰 소리로 읽으며 필순에 맞게 써 보세요.

苦					
쓸 고					
(艸(艹)부, 총 9획)					

待					
기다릴 대					
(彳부, 총 9획)					

잠깐 확인 한자의 훈·음을 빈 칸에 쓰고 한자어를 읽어 보세요.

苦		苦樂(고락)　苦生(고생)
待		苦待(고대)　待合室(대합실)

한자의 훈과 음을 큰 소리로 읽으며 필순에 맞게 써 보세요.

戰					
싸움 **전** (戈부, 총 16획)					

勇					
날랠 **용** (力부, 총 9획)					

잠깐 확인 한자의 훈·음을 빈 칸에 쓰고 한자어를 읽어 보세요.

戰		戰死(전사)　勝戰(승전)
勇		勇士(용사)　勇氣(용기)

6급 급수한자 쓰기 노트

한자의 훈과 음을 큰 소리로 읽으며 필순에 맞게 써 보세요.

對					
대할 **대** (寸부, 총 14획)					

失					
잃을 **실** (大부, 총 5획)					

잠깐 확인 한자의 훈·음을 빈 칸에 쓰고 한자어를 읽어 보세요.

對		對立(대립)　對答(대답)
失		失手(실수)　失禮(실례)

한자의 훈과 음을 큰 소리로 읽으며 필순에 맞게 써 보세요.

定
정할 **정**
(宀부, 총 8획)

消
사라질 **소**
(水(氵)부, 총 10획)

잠깐 확인 한자의 훈·음을 빈 칸에 쓰고 한자어를 읽어 보세요.

定

定食(정식)　所定(소정)

消

消風(소풍)　消失(소실)

한자의 훈과 음을 큰 소리로 읽으며 필순에 맞게 써 보세요.

成					
이룰 성					
(戈부, 총 7획)					

功					
공 공					
(力부, 총 5획)					

잠깐 확인 한자의 훈·음을 빈 칸에 쓰고 한자어를 읽어 보세요.

成		育成(육성) 成果(성과)
功		戰功(전공) 成功(성공)

한자의 훈과 음을 큰 소리로 읽으며 필순에 맞게 써 보세요.

特					
특별할 **특**					
(牛부, 총 10획)					

別					
다를/나눌 **별**					
(刀(刂)부, 총 7획)					

잠깐 확인 한자의 훈·음을 빈 칸에 쓰고 한자어를 읽어 보세요.

特		特有 (특유) 特別 (특별)
別		區別 (구별) 別名 (별명)

한자의 훈과 음을 큰 소리로 읽으며 필순에 맞게 써 보세요.

理					
다스릴 리 (玉(王)부, 총 11획)					

由					
말미암을 유 (田부, 총 5획)					

잠깐 확인 한자의 훈·음을 빈 칸에 쓰고 한자어를 읽어 보세요.

理		道理(도리)　心理(심리)
由		由來(유래)　理由(이유)

🥬 한자의 훈과 음을 큰 소리로 읽으며 필순에 맞게 써 보세요.

根 뿌리 근 (木부, 총 10획)					

本 근본 본 (木부, 총 5획)					

 잠깐 확인 · 한자의 훈·음을 빈 칸에 쓰고 한자어를 읽어 보세요.

根		草根(초근)　根本(근본)
本		本部(본부)　本然(본연)

한자의 훈과 음을 큰 소리로 읽으며 필순에 맞게 써 보세요.

發				
필 **발**				
(癶부, 총 12획)				

新				
새 **신**				
(斤부, 총 13획)				

잠깐 확인 한자의 훈·음을 빈 칸에 쓰고 한자어를 읽어 보세요.

發		發病(발병)　發明家(발명가)
新		新綠(신록)　新聞(신문)

溫度(온도)

한자의 훈과 음을 큰 소리로 읽으며 필순에 맞게 써 보세요.

溫 따뜻할 온 (水(氵)부, 총 13획)					

度 법도 도/헤아릴 탁 (广부, 총 9획)					

잠깐 확인 한자의 훈·음을 빈 칸에 쓰고 한자어를 읽어 보세요.

溫室(온실)　溫和(온화)

溫度(온도)　角度(각도)

한자의 훈과 음을 큰 소리로 읽으며 필순에 맞게 써 보세요.

清					
맑을 청 (水(氵)부, 총 11획)					

明					
밝을 명 (日부, 총 8획)					

 **잠깐 확인** 한자의 훈·음을 빈 칸에 쓰고 한자어를 읽어 보세요.

清		清風(청풍)　清明(청명)
明		明月(명월)　明白(명백)

🟢 한자의 훈과 음을 큰 소리로 읽으며 필순에 맞게 써 보세요.

太 클 **태** (大부, 총 4획)					

陽 볕 **양** (阜(阝)부, 총 12획)					

잠깐 확인 한자의 훈·음을 빈 칸에 쓰고 한자어를 읽어 보세요.

太		太陽(태양)　太古(태고)
陽		陽氣(양기)　陽地(양지)

🔘 한자의 훈과 음을 큰 소리로 읽으며 필순에 맞게 써 보세요.

風				
바람 **풍** (風부, 총 9획)				

向				
향할 **향** (口부, 총 6획)				

🏷 **잠깐 확인** 한자의 훈·음을 빈 칸에 쓰고 한자어를 읽어 보세요.

風   風車(풍차)   風習(풍습)

向   方向(방향)   風向(풍향)

🌱 한자의 훈과 음을 큰 소리로 읽으며 필순에 맞게 써 보세요.

雪 눈 설 (雨부, 총 11획)				

光 빛 광 (儿부, 총 6획)				

잠깐 확인 한자의 훈·음을 빈 칸에 쓰고 한자어를 읽어 보세요.

雪		白雪(백설)　大雪(대설)
光		夜光(야광)　雪光(설광)

한자의 훈과 음을 큰 소리로 읽으며 필순에 맞게 써 보세요.

果					
실과 **과** (木부, 총 8획)					

樹					
나무 **수** (木부, 총 16획)					

잠깐 확인 한자의 훈·음을 빈 칸에 쓰고 한자어를 읽어 보세요.

果		實果(실과) 果然(과연)
樹		樹木園(수목원) 果樹(과수)

🍃 한자의 훈과 음을 큰 소리로 읽으며 필순에 맞게 써 보세요.

黃					
누를 **황** (黃부, 총 12획)					

綠					
푸를 **록** (糸부, 총 14획)					

잠깐 확인 한자의 훈·음을 빈 칸에 쓰고 한자어를 읽어 보세요.

黃土(황토) 黃海(황해)

草綠(초록) 黃綠(황록)

🥬 한자의 훈과 음을 큰 소리로 읽으며 필순에 맞게 써 보세요.

洋 큰바다 양 (水(氵)부, 총 9획)				

野 들 야 (里부, 총 11획)				

잠깐 확인 한자의 훈·음을 빈 칸에 쓰고 한자어를 읽어 보세요.

洋		洋食(양식) 洋藥(양약)
野		野生(야생) 野球(야구)

한자의 훈과 음을 큰 소리로 읽으며 필순에 맞게 써 보세요.

銀
은 은
(金부, 총 14획)

石
돌 석
(石부, 총 5획)

 잠깐 확인 한자의 훈·음을 빈 칸에 쓰고 한자어를 읽어 보세요.

銀　　　　　　　銀行(은행)　銀河水(은하수)

石　　　　　　　石油(석유)　石工(석공)

한자어를 큰 소리로 읽으며 써 보세요.

勝利	勝利	勝戰	勝戰
승 리	승 리	승 전	승 전

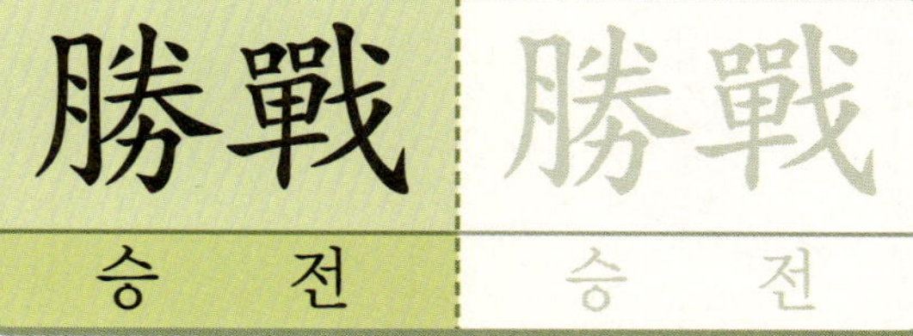

苦待	苦待	消失	消失
고 대	고 대	소 실	소 실

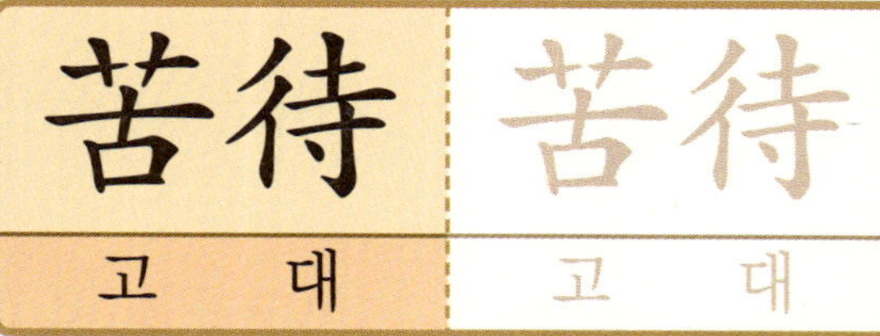

勇氣	勇氣	對答	對答
용 기	용 기	대 답	대 답

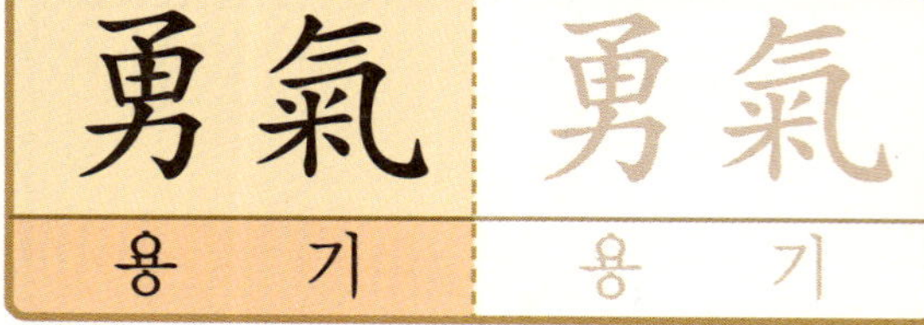

所定	所定	利用	利用
소 정	소 정	이 용	이 용

便利	便利	苦生	苦生
편 리	편 리	고 생	고 생

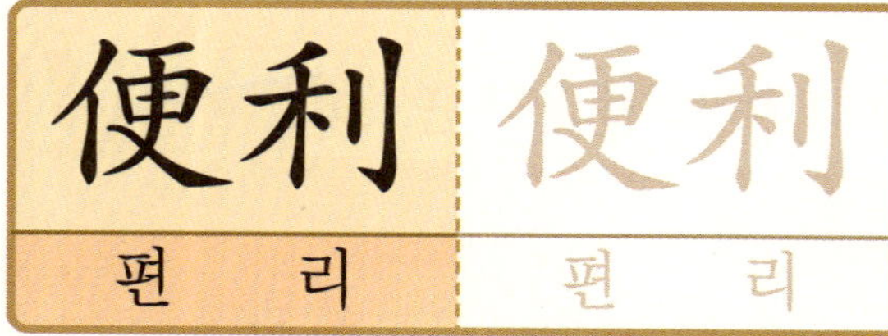

對立	對立	失手	失手
대 립	대 립	실 수	실 수

한자어를 큰 소리로 읽으며 써 보세요.

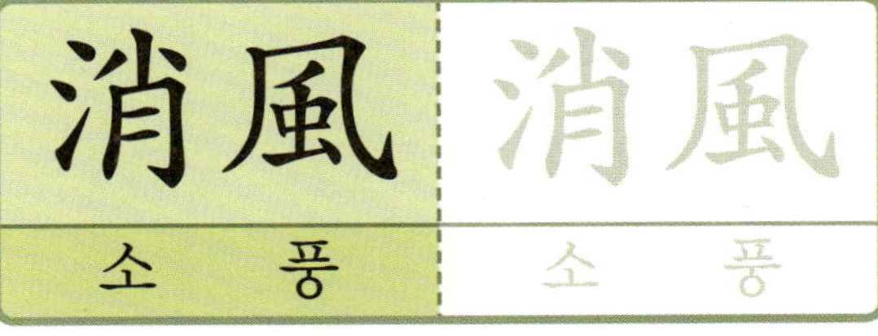

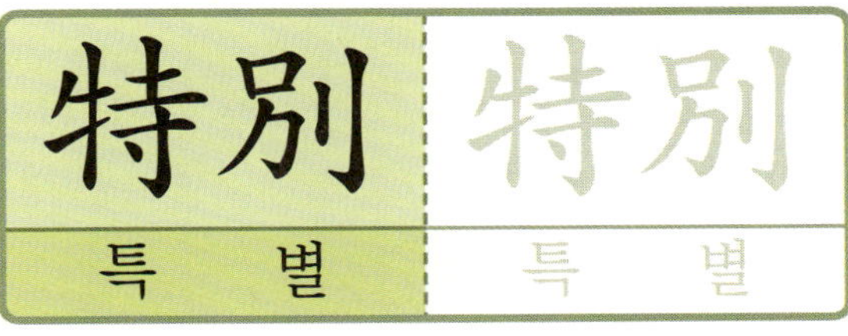

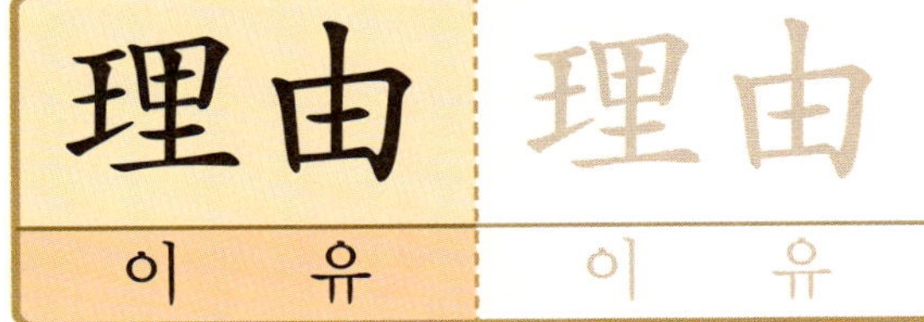

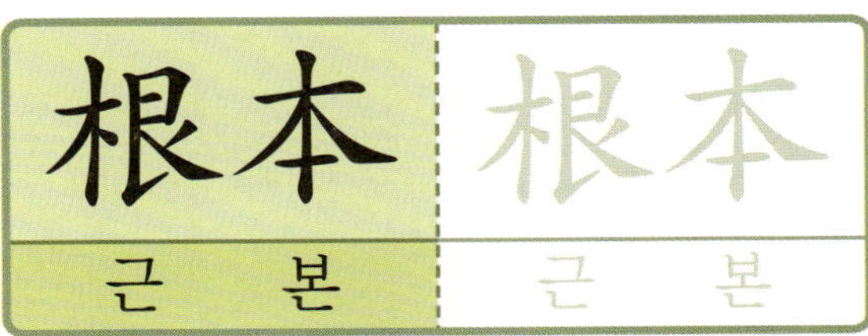

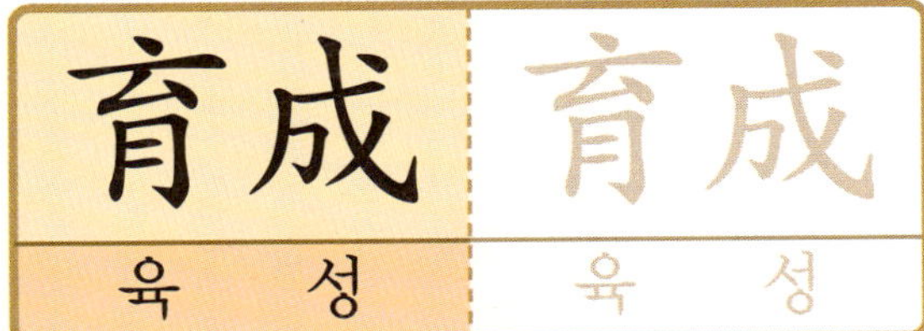

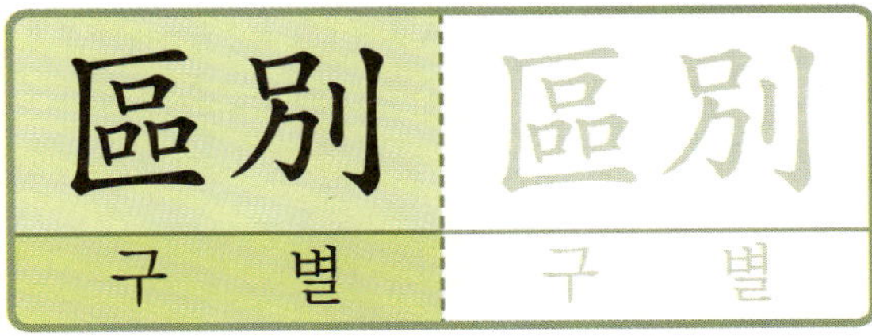

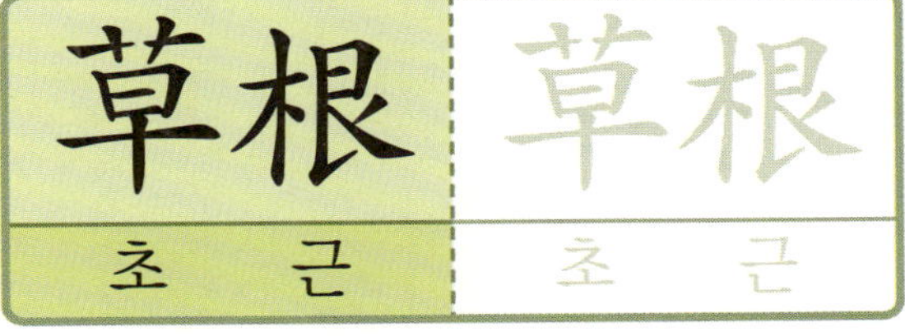

道理　道理
도 리　　도 리

由來　由來
유 래　　유 래

한자어를 큰 소리로 읽으며 써 보세요.

| 本部 | 本部 | 發病 | 發病 |
| 본부 | 본부 | 발병 | 발병 |

| 發明 | 發明 | 溫度 | 溫度 |
| 발명 | 발명 | 온도 | 온도 |

| 溫室 | 溫室 | 太陽 | 太陽 |
| 온실 | 온실 | 태양 | 태양 |

| 淸風 | 淸風 | 雪光 | 雪光 |
| 청풍 | 청풍 | 설광 | 설광 |

| 明白 | 明白 | 太古 | 太古 |
| 명백 | 명백 | 태고 | 태고 |

| 淸明 | 淸明 | 陽地 | 陽地 |
| 청명 | 청명 | 양지 | 양지 |

한자어를 큰 소리로 읽으며 써 보세요.

夜光	夜光	方向	方向
야 광	야 광	방 향	방 향

風向	風向	大雪	大雪
풍 향	풍 향	대 설	대 설

新聞	新聞	雪光	雪光
신 문	신 문	설 광	설 광

實果	實果	果然	果然
실 과	실 과	과 연	과 연

洋藥	洋藥	果樹	果樹
양 약	양 약	과 수	과 수

黃綠	黃綠	野球	野球
황 록	황 록	야 구	야 구

한자어를 큰 소리로 읽으며 써 보세요.

草綠	草綠	洋食	洋食
초 록	초 록	양 식	양 식

石工	石工	野生	野生
석 공	석 공	야 생	야 생

黃土	黃土	銀行	銀行
황 토	황 토	은 행	은 행

野生動物	野生動物
야 생 동 물	야 생 동 물

草綠同色	草綠同色
초 록 동 색	초 록 동 색

電光石火	電光石火
전 광 석 화	전 광 석 화